ママとミシンとスワヒリ語

私のタンザニア物語

宇野みどり

第三文明社

ＪＩＣＡの
50周年
記念式典のため、
タンザニアに招待され、
隊員時代の思い出を
スワヒリ語でスピーチ

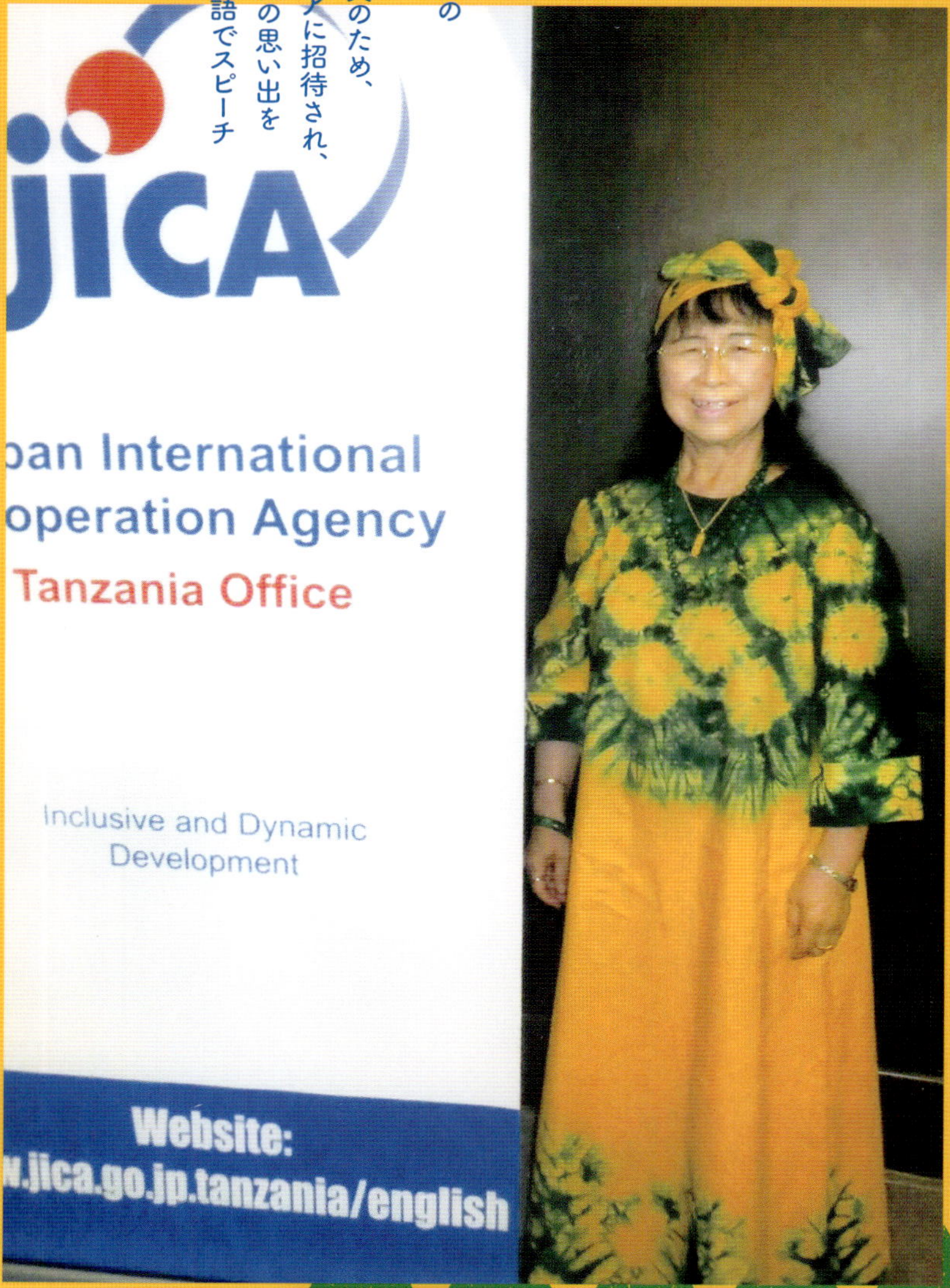

活気にあふれる
街中で
山盛りのバナナを
頭に乗せて

墓参のために
ダルエスサラームへ。
シジャオナ家の
立派な墓石の横で

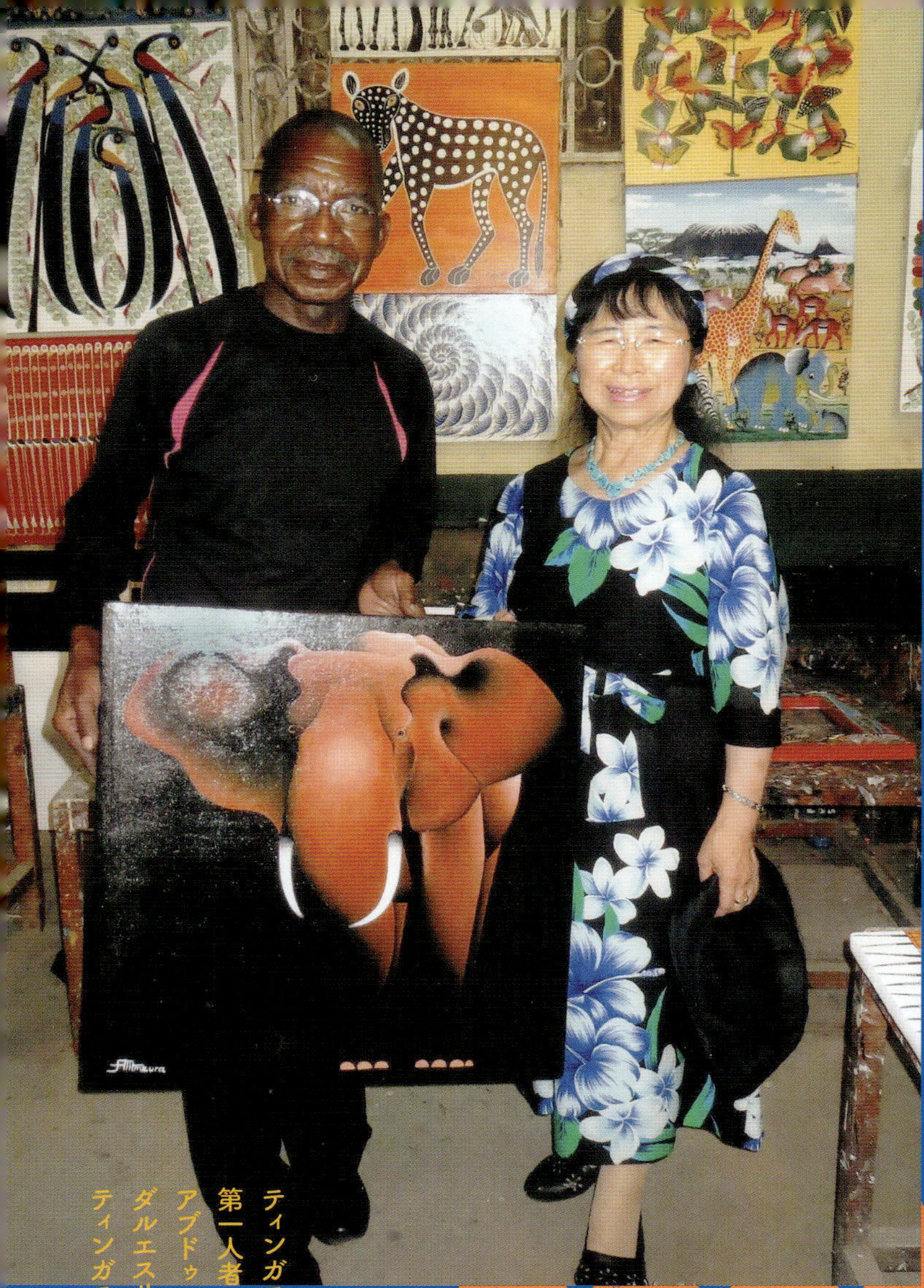

ティンガティンガアートの
第一人者である
アブドゥル・ムクーラ氏と
ダルエスサラームの
ティンガティンガ工房で

スワヒリ語
スピーチコンテストで
ケニアのポール・M・カリイ
公使参事官（左）と
タンザニアの
アフメド・サルム氏（右）
とともに

AU（アフリカ連合）の
パーティーで
チアロ大使夫人（左）ら
とともに

はじめに

私が初めてタンザニアに第一歩を印《しる》したのはもう五十年も昔のことになります。〝月日の経《た》つのは早いもの〟という言い古された言葉を、私はいまさらながら嚙《か》みしめています。一九六七年、インド洋に面した東アフリカのこの国に、日本青年海外協力隊のタンザニア第一期隊員として派遣された私は、二年間の任期を過ごして以来、長年にわたってこの国とのお付き合いが続きました。いまも私の脳裏《のうり》にはこの国のこと、そして優《やさ》しい友人たちの笑顔が走馬灯《そうまとう》のように駆け巡ります。

初めて朝日新聞で「青年海外協力隊員募集。タンザニア　洋裁・手芸女子隊員二十四人」という広告を見たときには、正直言って私自身でさえ、「え? タンザニア? いったいアフリカのどこにある国かしら。ケニアなら『少年ケニヤ』（山川惣治／作・画）の本や昔の探検隊の話などで知っているけれど」と思いました。早速、地図を開いて調べた結果、赤道直下、ヴィクトリア湖やキリマンジャロ山を有し、ケニアの南にあるインド洋に面したタンガニーカとザンジバルが一九六四年に合併してできた東アフリカの新しい国で、国土面積が日本の二・五倍もある大きな国ということがわかりました。

タンザニア行きが決まったとき、周囲の反応はといえば、「え？　アフリカに行くの？」「洋裁？　裸で、裸足《はだし》でいる人たちに洋裁なんて要《い》らないのでは？」「猛獣《もうじゅう》やアフリカ人が怖くないの？」「虫や変なものを食べるのかしら？」「マラリヤや風土病だってたくさんあるでしょうに」「よくもまあ、親が許すものだ」「親の顔が見たい」などと散々《さんざん》、非難されたものでした。

当時、若い日本女性のアフリカ行きはセンセーショナルな出来事だったので、新聞や雑誌のインタビューにも追われました。出発時には羽田空港で多くの政府関係者、民間人や友人、親戚など、たくさんの人々に見送られ、飛行機のタラップに立った写真などが新聞紙面をにぎわせました。ある新聞記者など私をじろじろ見て、「へー、あなたがアフリカへ？　私はもっとたくましい男勝《まさ》りの女性を想像していたのに」と、いまの時代でしたら問題になるような、ずいぶんと失礼な発言をしたものです。

タンザニアはこの五十年間で見違えるような発展を遂《と》げましたが、日本人のこの国に対しての認識は、残念ながら昔と少しも変わっていないことに気づきます。アフリカの国々は進歩が早く、データでみるとタンザニアの経済成長率は七・一％（二〇一七年／世銀）で、今後さらに上昇するだろうと予想されています。日本の〇・八一％（二〇一八年）とは雲泥《うんでい》の差なのに、近代化されたこの国の都市部の変貌《へんぼう》と発展を、多くの日本人はまったく理解していないのです。高層ビルが立ち並び、広大なショッピングモールにカラフルな衣装で着飾った男女が中古車（といっても、昔のように日本の広告などついていない新品同様の車）で乗りつけ、高級品を買っている姿など日本人には想像もつかない、いや、想像できないのではないでしょうか。

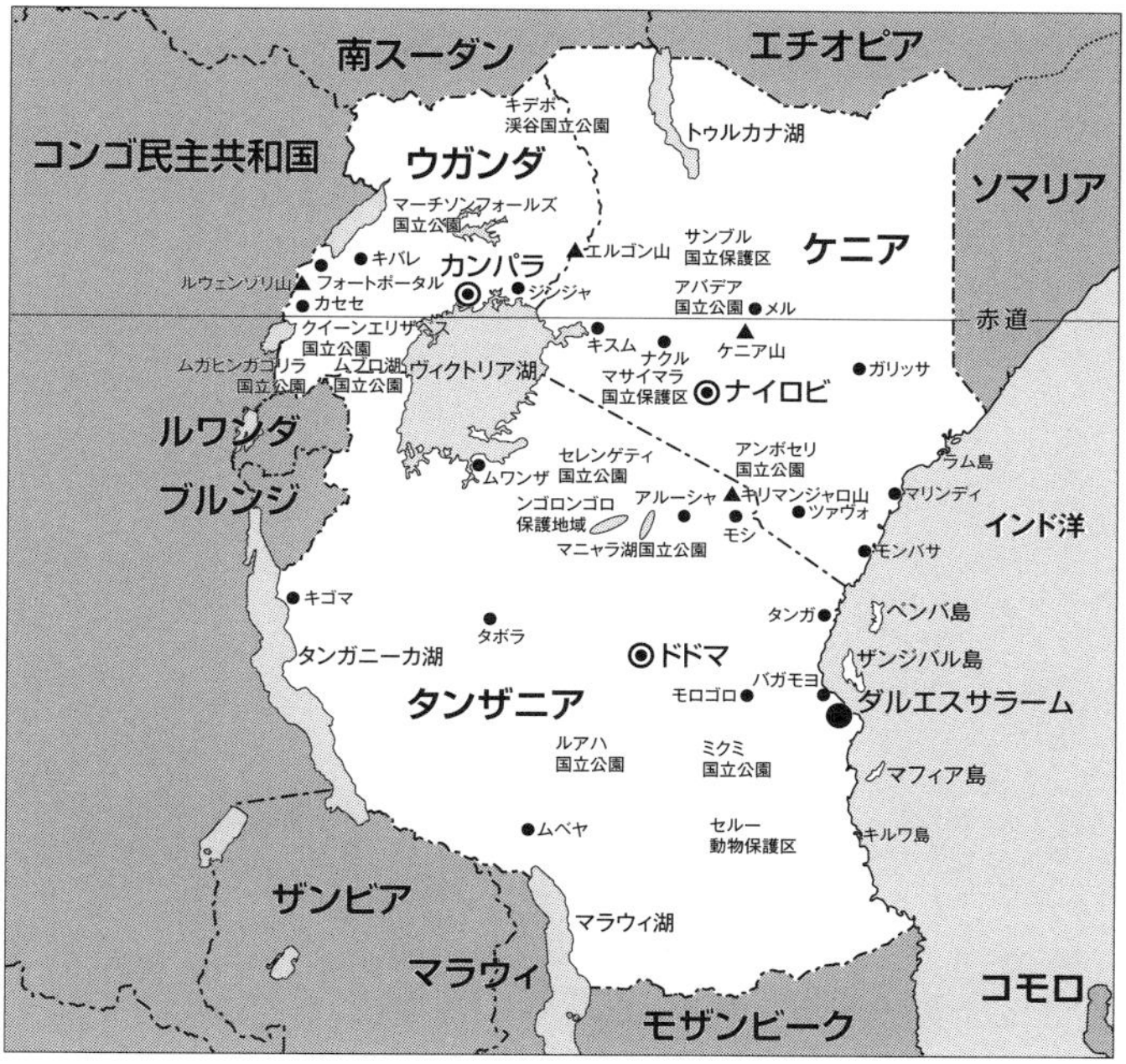

とにかく、日本人はアフリカについて無関心で知らなすぎると思います。なぜなら、私が八年前（二〇一一年）、タンザニアで結婚式に招待され、皆と踊って楽しかったと友人たちに話したら、「えっ！　アフリカ人と一緒に槍《やり》を持って、ヤー、ヤーと踊ってきたの？」と言われ、唖然《あぜん》としました。

また、アフリカ通《つう》だと思っていたお酒好きの友人に、やっと手に入った美味《おい》しいケニア産ビールをプレゼントした途端、「アフリカ産のビールなんて汚《きたな》くて飲めない」と言われ、悲しい思いをしたこともあります。

あるとき、大学で駐日ケニア大使が講演をなさったとき、学生と大使とで、このようなやりとりがありました。

「僕は貧困《ひんこん》に悩むアフリカに何か援助《えんじょ》したいと思うのですが、何をしたらよいのでしょう？」

「あなたの気持ちはうれしいのですが、あなたはいま学生で、技術もお金もないでしょう？　そんなあなたにいったい、どんな援助ができると思いますか？　私がいま、あなたに望むことは、もっとアフリカのいろいろな面について学び、真の理解をしてほしいのです」

私たちは、つい驕《おご》った気持ちになりがちですが、もっと謙虚《けんきょ》にアフリカの現代の姿を学ばなければいけないと思います。

この逆もあり、四年前（二〇一五年）、若いタンザニア女性が初来日。冬の北海道での研修を終えた彼女を、帰りに我が家に招待しました。友人たちとの楽しい会話が弾《はず》むなか、一人が「日本に来る前と来た後の感想は？」と尋《たず》ねました。すると、「日本は欧米と違い、ちょっとだけ進んだアジアの国だと思っていたのに、こんな先進国だとは夢にも思わなかった。すべての面で技術の進歩が見られ、東京だけでなく北海道に至るまで人々の生活が変わらないのはすごいこと」と言ったので、衝撃を受けるとともに唖然としました。

いまや世界は狭くなり、アパルトヘイトの撤廃《てっぱい》や、世界中で資源問題が浮かび上がり、アフリカは世界の注目の的となっています。すでにアフリカ大陸全域に進出中の中国を見れば一目瞭然《いちもくりょうぜん》。後《おく》れをとっている資源不足の日本に住む私たちとしては、もっともっとアフリカに対して視野を広げ、理解と友好関係を深めなければいけない時代にすでに入っていると思います。この思いは私だけではなく、アフリカの方々も同じです。

今後、タンザニアと日本の相互理解と友好・信頼関係が深まることを私は願ってやみません。そのために、私の好きな国タンザニアのいろいろな面を紹介し、皆さまに興味を持っていただけたら、私にとってこんなうれしいことはありません。

宇野みどり

ママとミシンとスワヒリ語——私のタンザニア物語

目次

写真撮影　稲治　毅（口絵4P上・131P・132P）
編集ディレクション　朝川桂子

装　幀　水口美香
本文デザイン　安藤　聡

序　章

大きな大陸・アフリカ

Afrika ndiyo Bara kubwa

ダルエスサラームの街並み（2001年）

タンザニア連合共和国とは

皆さんはアフリカ大陸がどのくらい大きいかをご存じでしょうか? なんと、日本の八十倍もの面積を誇り、そこには五十五カ国もの独立国が存在しています(国連未承認の西サハラ=サハラ・アラブ民主共和国を含む。二〇一九年四月現在)。

昔は、大自然の広がる大地にさまざまな異なる民族が伸び伸びと暮らしていました。でも残念ながら、白人やアラブ人たちがアフリカの資源や動物、象牙《ぞうげ》や角、毛皮などに目をつけて侵入。やがて猛獣《もうじゅう》狩《が》りだけでは飽《あ》き足らず、そこに住む人々まで捕《つか》まえて奴隷《どれい》売《ばい》買《ばい》をし、アフリカは悲惨な暗黒大陸と化したのです。その後、ヨーロッパ列強の国々は、勝手にアフリカ大陸を分割し、直線を引き、国境を決め、植民地にしてしまいました。

数年前、ケニア人の友人の叔父《おじ》さんがウガンダで議員になるというので、「どうしてウガンダで?」と尋《たず》ねると、「うちの一族はアフリカが分割されたとき、二つの国に分かれて住むことになったのです」と説明され、私は朝鮮半島の分割を頭に浮かべたのでした。

第二次大戦終了後、アフリカ各地の植民地で独立運動が盛《さか》んとなり、一九六〇年一月一日にはカメルーンがフランスから独立。その後、西アフリカの多くの国々はフランスから、東アフリカの国々は英国から、ほかにもポルトガル領から独立した国もあります。こうして「一九六〇年はアフリカの年」と言われるように、一挙に二十六カ国もの国が旧宗主国《そうしゅこく》から独立を果たしたのです。

独立国が増えた現在は、それぞれの国が異なった地形や気候、民族、習慣、言葉、宗教を持ち、そこに住む人々は、性格、背丈、色の黒さも違い、誇りを持って生きています。一概に「アフリカ」とか「アフリカ人」という言葉で、この大陸を一括《ひとくく》りにすることはできないのです。私が「アフリカ人」と言うと決まって「その言葉はやめてください。私たちはそれぞれ違った国の国民なので〝タンザニア人〟とか〝ケニア人〟と、はっきり呼んでください。あなただって〝アジア人〟と呼ばれたり、間違えて〝中国人〟や〝韓国人〟と呼ばれたらイヤな気持ちがするでしょう?」と言われてしまうのです。

ここで改めて、タンザニア連合共和国とはどんな国かをご説明したいと思います。

一九六一年、タンザニア（大陸側）がタンガニーカ共和国として独立。このとき、日本政府はタンガニーカを国家承認しました。その後、一九六三年にザンジバルが独立。一九六四年にタンガニーカとザンジバルが統合されてタンザニア連合共和国が建国されました。

国土は九四・五万平方キロメートル、日本の約二・五倍もあり、真っ青なインド洋に面したサンゴ礁《しょう》と白砂の美しい長い海岸線を誇り、人口はいまや独立当初より四倍以上も増え、二〇一七年には約五千七百三十一万人となりました（二〇一七年／世銀）。首都は法律上ドドマで、現在遷都《せんと》中のため官公庁が移動中。事実上は経済面からダルエスサラームです。宗教はイスラム教徒が四〇％、キリスト教徒が四〇％、その他が二〇％、そして政党は、最初は革命党の一党制。これは一九七七年、本土のタヌー党とザンジバルのアフロ・シラジ党が合併してできたのですが、現在は一党制から多党制に政治組織を改めました。

また、伝統的な農業国で、約七〇％の国民が農業に従事しています。主な農産物としては、トウモロコシ、豆類、カシューナッツ、煙草《たばこ》、小麦、コーヒー、綿花、紅茶などがあり、二〇一七年のＧＤＰは五百二十一億米ドル、経済成長率は七・一％と高成長を続けています。

二〇〇〇年ごろからは金などの鉱業が栄え、さらに製造業としてはアルコール飲料、煙草、織物、繊維製品、サイザル（麻）ロープ、木製品、皮革製品、鉄製品、ラジオ電池、農薬、ペンキ、セメント、レンガ、石油製品、スチール製品、小麦粉、菓子類、食用油などがあります。でも、残念ながら石油はないので輸入に頼るしかなく、オイルショックのときは甚大《じんだい》な被害を受けました。いまも石油は機械類、運送機材、建築資材などとともに輸入に頼っています。そのほか、観光業に力を入れていることは言うまでもありません。

言語は植民地時代、英国人に支配されていたため、英語が主要言語とされました。でも、なにしろタンザニアには百二十六もの異なった民族が住んでおり、それぞれが異なった言語を使っていたので、コミュニケーションが大変でした。海岸地帯の人々が話していたスワヒリ語を白人やアラブ人が奴隷狩りなどで内陸まで広げていたので、独立後はスワヒリ語を国語と決め、英語を公用語としたのです。そして、小学校からスワヒリ語教育を徹底し、新聞、ラジオ、国会でもスワヒリ語を取り入れたおかげで国語の統一ができ、部族間の争いのないアフリカの中で平和な国の一つとなりました。

かつての植民地時代には、お金持ちの子弟《してい》だけが学校で学ぶことができ、英国システムの学校では、授業はすべて英語で行われていましたので、社会の地位格差が大でした。

いまは小学校七年間が義務教育となりました。そして、日本とは異なり、小学校卒業時と中学・高校卒業時にそれぞれ難しい全国統一国家試験があり、その試験に受かれば、だれでも大学で学べるのです。しかし、その試験に落ちると富裕層《ふゆうそう》は私立の学校で学べますが、庶民は進学の道が閉《と》ざされます。もちろん、女性も能力さえあれば対等に大学で学ぶことができるので、女性の地位も上昇し、格段の進歩を遂《と》げていて、女性の社会進出は日本よりはるかに進んでいます。

タンザニアと日本

日本政府は一九六六年、この国の首都ダルエスサラームに駐タンザニア日本大使館を開設しました。その翌年、私が青年海外協力隊の第一回タンザニア派遣隊員として派遣されたときには、まだ日本からの大使は赴任《ふにん》しておらず、富樫《とがし》代理大使ご夫妻とお嬢さま、そして日本人スタッフとその夫人、あとはタンザニア人のローカルスタッフが日本大使館でお仕事をしておられました。大使館は現在の場所とは違い、インド洋に面した海辺にありました。富樫夫妻はたいへんすばらしい方で、私たち協力隊員にいつもお心遣いくださり、ありがたかったです。

ダルエスサラームは海辺の街なのでお魚が豊富で、お刺身や伊勢エビに似た大きな錦《にしき》エビ、太くて大きなカニのハサミの料理などでいつも温かくもてなしてくださり、とくに大使夫人が作られたちらし寿司《ずし》がたいへん美味《おい》しかったのを、いまも覚えております。

天皇誕生日には大使館で大パーティーが開催されるのですが、私たち協力隊員までご招待くださったので、私たちは海辺で拾《ひろ》った流木《りゅうぼく》を組み合わせた大きなオブジェに花を活《い》け、それを会場に飾らせていただいたこともよい思い出です。

ニエレレ初代大統領

この国には独立当時、ジュリアス・K・ニエレレという名指導者が現れました。多くの東アフリカの政治家を輩出《はいしゅつ》したウガンダにあるマケレレ大学を卒業。帰国後は教師となり、その後、英国エディンバラ大学で文学修士号を取得。シェークスピア文学の『ジュリアス・シーザー』や『ヴェニスの商人』のスワヒリ語翻訳、出版でも有名です。一九五四年にはTANU党（タンガニーカ・アフリカ民族同盟）を結成して党首となり、一九五九年、国民全員の平等と国の平和的かつ合法的発展を望み、国民にこう呼びかけました。

「タンガニーカの国民は松明《たいまつ》を灯《とも》し、キリマンジャロ山頂に掲《かか》げようではありませんか。その松明は国境を越え近隣諸国まで輝《て》らし、いままで虐《しいた》げられた人々に希望を、憎悪《ぞうお》に満ちた人々には愛を、恥辱《ちじょく》を受けた人々には尊厳を与えることができるでしょう。我が国は他国のように月にロケットを打ち上げることはできないかもしれないけれど、愛と希望と尊厳のロケットをいつでもどこでもだれにでも打ち上げて届けることができるのです」

一九六一年、独立後の初代大統領に就任したニエレレ大統領は、かつて教師を務めていたことから「ムアリム・ニエレレ」（ニエレレ先生）と呼ばれ、国民に尊敬され、慕《した》われました。「UHURU《ウフル》 NA《ナ》 UMOJA《ウモジャ》」（独立と団結）というモットーを掲げ、国民生活の向上に全力を注いだのです。各会議や集会は代表者たちの「UHURU《ウフル》 NA《ナ》 MAENDELEO《マエンデレオ》」（独立と前進）という掛け声から始まり、国民はそれを復唱し、大声で応《こた》えていました。

一九六七年、私は協力隊員としてダルエスサラームに着任早々、大統領の施政《しせい》方針の大演説会が開かれると聞き、うれしくて、郊外の広い、広いサッカー場に一人で聞きに行ったことを思い出します。

野外集会場に集まった大群衆は「エイエイ　タヌー　ヤ　ジェンガ　ンチ」（TANU党が国を作る）という耳慣れた歌を大声で歌い、その熱気に私は圧倒されました。その大合唱の中、登場した大統領は、壇上に立つと片手を前に差し出し、「UHURU」（独立）と大声で叫《さけ》ぶと、並みいる群衆は両手を挙げてそれに応え、「MAENDELEO」（前進）と叫ぶのです。その場にいた私は、指導者とそれを支持する国民がいかに親密な関係にあり、大統領を尊敬しているかを見せつけられたような気がしました。

スワヒリ語を大切になさる大統領の言葉は「教養あふれる立派なスワヒリ語」と定評が

あり、大広場の群衆の前で堂々と長時間、演説なさる様子は、たいへん魅力的ですばらしく、また、その美しい言葉に聞き入る聴衆の態度から、私は国民の大統領に対する厚い信頼を汲《く》み取り、見事な一致団結心からこの国の早い発展を確信したのです。残念ながら、当時、私の未熟なスワヒリ語力では大統領の演説を理解するには至りませんでしたが、熱気は十分感じ取ることができました。

いまは亡きこのすばらしいニエレレ大統領の最大の功績として、まず称《たた》えられることは、百二十六もある民族の言葉の中からスワヒリ語を国語に選び、国民を統一したことです。

また、ニエレレ大統領は一九六七年、キリマンジャロ山麓《さんろく》近くのアルーシャの町で、政府の基本政策宣言として歴史に残る社会主義宣言をしました。「ウジャマー」（親族、社会）という社会主義共同体を制定、といってもイデオロギーどおりの社会主義ではなく、この国に昔からあった民族間・仲間同士の助け合いと平等精神を基とし、アフリカ人の尊《そん》厳《げん》を取り戻そうとの趣旨《しゅし》で、これは「アフリ

ニエレレ大統領の顔がプリントされたカンガ布

カ的社会主義」と呼ばれました。外国からの援助に一切《いっさい》頼らず、自分たちだけで社会開発をするためにウジャマー村と呼ばれる集団農場を建設。ここに人を集め、地方組織の解体を図《はか》ったので、農村部から圧倒的支持を得たのです。おかげでニエレレ大統領は独立から一九八五年まで長期政権を維持していました。

でも残念ながらこのウジャマー制度は、失敗に終わったと言われております。なぜなら、従来の社会制度を無視したこと、旱魃《かんばつ》による農業の衰退《すいたい》、そして石油産出国ではなかったために一九七三年のオイルショックの影響を受けてしまったのです。石油輸入代金が政府予算の五〇～六〇％、それ以上も占《し》めるようになり、経済が大混乱。併せて一九七八～七九年まで、隣国ウガンダのアミン大統領による独裁政権や国境紛争などにより、ウジャマー村の建設を事実上、放棄する方向へ転換せざるを得なかったのです。

このころ、市場からは国産できない生活必需品が消えました。外貨不足のために海外からの輸入品が制限され、政府高官やお金持ちの中には、「お金があるにもかかわらず、輸入品の生活必需品が買えず、不自由な生活を余儀《よぎ》なくされる。もうこんな社会主義制度はたくさんだ」と嘆《なげ》く人が多かったと聞きました。事実、オイルショックの最中に私は妹とタンザニアに行ったのですが、人々が米、砂糖、石油、ガソリンを買うために店頭には長《ちょう》蛇《だ》の列。休日の自家用車は運転禁止。私も日本からの援助の古古米のご飯を初めて味わったのでした。

ニエレレ大統領は国家発展の三本柱として、「食べるための農業」「生活向上のための教育」「医療」に力を入れ、とくに女子教育に傾注《けいちゅう》したため、日本に協力隊員を要請したのです。現在、小学校（一～七年）は義務教育となっていますが、独立当時は「国じゅうの子ども全員が小学校で学べるように」と学費を無料にし、子どもを小学校に行かせない親には罰金《ばっきん》が科《か》せられました。もちろん、これは口だけではなく実行され、罰金を科せられた親の話が新聞をにぎわしておりましたので、私は、いかにこの国が教育に力を入れているのかを知り、感激しました。

当時、小学校の数は少なかったので、校舎不足から午前・午後の二部制で授業を行っていました。村では村人たちが手作りした簡単な校舎で、大勢の生徒たちが一冊の教科書を使って勉強していましたし、建物がない場所では、大きな木の木陰《こかげ》で先生を中心に輪《わ》になって地面に字を書き、教えていました。でも乾いた赤土の地面はサラサラの土なので、風が吹くと、いま書いた字さえ風に飛ばされて消え去ってしまうのです。そうした様子を目《ま》のあたりにし、私まで悲しくなりました。そして、小学校では先生が生徒たちに口を酸《す》っぱくして、「家に帰ったら宿題をしてから両親に読み書きを教えなさい」と言っていたことも、強烈に私の脳裏《のうり》に焼きついております。また、入学前の幼児教育にも力を入れ、あちこちで保育園が経営されていたのは驚きでした。

植民地時代に学校へ行かれなかった人々のために、公民館を開放して成人教育にも力を入れたので、いままでの遅れを取り戻そうと朝から大勢の老若男女が公民館に押し掛け、私たち隊員の教える洋裁教室をはじめ、英語、算数、国語（スワヒリ語）のクラスで熱心に勉強をしていました。こっそり隣の教室を覗《のぞ》くと、大人の生徒たちが鋭い目をキラキラ輝かせ、黒板と先生を一生懸命、凝視《ぎょうし》して勉強しており、その真摯《しんし》な姿に私は感動しました。そして各クラスとも一定期間を終了すれば卒業証書が与えられたのです。

私が女性たちに洋裁を教えていたのは、ダルエスサラームで最も大きな中央公民館でした。幸いにも、私はここで行われた終業式にたびたび招待され、よい経験となりました。そのときに、来賓として招かれた政府高官や教育関係者が、「ここにお集まりの皆さま、これからは奥さんたちをここの成人教育の教室に出してください。家に閉じ込めていないで。女性はこの国の人口の半分を占め、女性の教育なしでは、この国の発展はあり得ません」とご挨拶《あいさつ》されていた言葉が印象的で、いまでも耳に響いています。

ニエレレ大統領の四人の後継者とその後のタンザニア

アリ・H・ムウィニィ大統領

一九八五年の大統領選挙で、ザンジバル島出身のアリ・H・ムウィニィが第二代大統領に選ばれました。IMF（国際通貨基金）の勧告を受けて貿易制度の緩和《かんわ》を図り、自由経済を擁護《ようご》。それ以来、経済状態は徐々に回復してきました。

一九九二年、それまで一党制だった政治組織を複数党制に改め、大統領の任期を憲法で二期のみと定めたため、第三代大統領以降の任期は二期（十年間）となりました。

ベンジャミン・ムカパ大統領

一九九五年にはベンジャミン・ムカパが第三代大統領に選ばれ、国営企業の民営化や政府セクターへの移動、そして南アフリカからの投資拡大で一九九五～二〇〇五年の経済成長率はなんと五％にも上昇したのです。

ムカパ大統領との思い出といえば、二〇〇三年九月、第三回アフリカ開発会議（TICADⅢ）のため来日された大統領ご夫妻の東北・岩手県ご訪問の折、スワヒリ語のボランティア通訳として二日間お手伝いする機会に恵まれたことでした。

商工会議所主催の朝食会から夜の会まで、すべての日程行事の通訳を一人でこなすのは大変でしたが、とくに印象に残ったのは盛岡で婦人会が主催した大統領夫人の講演会でした。私は事前に原稿をくださるようお願いしていたのですが、受け取ったのはなんと当日の講演三十分前！　しかも工場見学を終え、会場に向かうバスの中でした。私は夫人のスピーチは当然、スワヒリ語だと思っており、それなら同時通訳できるからよいと思っていたのですが、手渡された原稿を見たら、英語だったのです。しかもA４用紙十五枚にびっしり書かれているではありませんか！　私はびっくり仰天《ぎょうてん》し、慌《あわ》てて移動のバスの中でその原稿の余白に話の要点を書き込み、なんとか無事に通訳したわけですが、参加者たちからは「わかりやすく、とてもよかった」と大好評で安心しました。

しかし、「タンザニア人――しかもスワヒリ語の本場のザンジバル出身――なのに、なぜ英語で講演するのか？」と、私はちょっと恨《うら》めしく思いました。東アフリカの人々は、海外で話すときは民族語で話すより英語で話したほうが格好いいと思うのか、それともスワヒリ語の通訳がいないと思われたのか、または植民地時代の名残《なごり》で、民族語を話すと低く見られると思うのか、私にはちょっとわかりかねます。

ジャカヤ・キクウェテ大統領

ムカパ大統領の後、二〇〇五年に第四代大統領に選ばれたのは、若くてハンサムで人気抜群だったジャカヤ・キクウェテ大統領でした。二期十年間、国民に尽《つ》くし、努力なさって自国の発展に貢献した大統領でした。

二〇〇六年、キクウェテ大統領夫妻は国賓《こくひん》として来日。このとき、私は大統領夫人の通訳をさせていただき、高輪《たかなわ》で行われた日本各界の代表十数人の歓迎会（政治家主催）では、夫人が率《ひき》いる「タンザニアの女性の地位向上と乳がん撲滅《ぼくめつ》の活動」にと、ある財団から贈られた多額の寄附金をとても喜ばれました。後日、夫人はわざわざ次の

キクウェテ大統領夫人の通訳として上野動物園でゾウなどを見学。左から小宮輝之園長（当時）、キクウェテ夫人、駐日タンザニア大使夫人、著者（2006 年）

訪問国である韓国から私にお礼状をお送りくださり、恐縮しました。

このとき、夫人の東京案内の一つに、上野動物園がありました。早朝、お待ちしていると、夫人と随行《ずいこう》の方々は時間どおりに到着。園長のご案内で、とくにアフリカ関係の動物たちを楽しんで見て歩き、夫人は「サバンナの野生動物と違い、動物園では、動物たちがどう飼《か》われ、生活しているのかを知りたい」と、熱心に観察しておられました。

その翌年、私がタンザニアを訪問した際には「大統領が外遊中で残念ですが」とおっしゃりながら、私と妹をステートハウス（大統領府）にご招待くださいましたので、かつて私が隊員としてタンザニアにいたころのことを懐《なつ》かしく思い出しました。当時盛んだった〝識字率《しきじりつ》向上運動〟の市内行進デモに参加し、最終目的地はステートハウスだったので、庭のあちこちでグループごとに踊られていたさまざまな民族のンゴマ（ダンス）を見たり、客間に飾られた日本人形に感激したのでした。

ジョン・マグフリ大統領

キクウェテ大統領の後を継《つ》いだ現在の大統領は、二〇一五年の選挙で選ばれたジョン・マグフリ大統領です。就任早々、マグフリ大統領は大改革を断行。緊縮《きんしゅく》財政と汚職追放《おしょくついほう》に力を入れ、学歴詐称《さしょう》の公務員を排除、お金のかかる独立記念日の式典を廃止、議会閉会を祝う会食の費用を九〇%以上削減、海外への公式訪問を中止、大統領・副大統領・首相のファーストクラスの航空券使用禁止などを実行中です。

この改革によって捻出《ねんしゅつ》した費用を衛生面の改善やコレラ防止の清掃活動（大統領自らも加わり実施）、病院ベッドの増床《ぞうしょう》、学校建設、道路工事費用などに充当。また、政府関係の会議などはホテルでなく政府の建物内で行うことや公務員の遅刻禁止、公務員数の水増し（架空の人数で費用を請求）や個人や会社などの税金を賄賂《わいろ》でごまかすことを禁止するといった厳しい規則を作り、就任以来、きちんと実行しているので、低所得層に喜ばれ、いままで中断されていたドドマへの遷都も実行中です。こうして国政に力を入れている大統領に敬意を表するとともに、これらの政策のおかげでタンザニアがますます発展し、将来、さらにすばらしい国になることを期待してやみません。

でもやはり、ここでもう一度、言及しておきたいのはニエレレ初代大統領の偉大さです。ウジャマー政策（アフリカ的社会主義）は失敗したと言われていますが、この立派なウジャマー精神（助け合いの精神）は、現在も国民の間にしっかりと浸透《しんとう》し、明るく優《やさ》しく相手を思いやる人間性の高い国民性を作り上げています。共通語となった国語のスワヒリ語とともに、この国がアフリカにはめずらしい民族闘争や内戦のないユニークな国として現在も立派に存在しているのは、やはりニエレレ大統領の功績というのは周知の事実です。いかにニエレレ大統領が崇高《すうこう》な精神の持ち主であり、皆を率いる統率力のある立派な指導者であったのかと、いまなお、畏敬《いけい》の念が湧いてくるのです。

タンザニアと中国

最近は中国のアフリカへの援助が著《いちじる》しく、アフリカじゅう、どこに行っても中国人の姿を見ないことはないというくらい、中国の進出が目覚ましいというのが現状です。

インド洋に面したダルエスサラームの街には入り江があって、昔は対岸のキガンボニに行くには十五分間隔で運航されるカーフェリーに乗らなければならなかったのですが、これが車の増加で乗り切れず、長い行列を作って何回もフェリーの往復を待たなくてはなりませんでした。でも二年前（二〇一七年）にタンザニアを訪問した際には、これを使わずに行ける美しい道路が中国の援助で完成しており、私も車で走ることができました。ほかにも、AU（アフリカ連合）のヘッド・オフィスの建物をエチオピアのアディスアベバに建てるなど、目に見える大きな援助を行っています。

一方で、タンザニアの友人からは「中国人はあまり技術を教えてはくれないが、日本人はいろいろ丁寧《ていねい》に教えてくれるので本当に勉強になり、ありがたい」と言われ、日本への期待と信頼も感じられます。でも、「工事をする際、中国人は私たちタンザニア人を雇《やと》わず、途中から中国本土の労働者を連れてきてしまう。もっと日本からの援助がほしいのだけれど、入札《にゅうさつ》の際、中国のほうが費用も安いので、どうしても多くの案件が中国に落札《らくさつ》されてしまう」とか「中国製品はすぐ壊《こわ》れてしまうけど、日本の製品はすばらしいので買いたい。でも、町には中国製品ばかりが出回っている。日本製を買いたいのに」という声もあり、残念です。

タンザニアで最初のフライオーバー

このように、とかく中国からの援助が目につきますが、日本も地道な援助を続けてきています。最近では、ダルエスサラーム市内の渋滞《じゅうたい》緩和のために造られた画期的《かっきてき》な立体交差道路（フライオーバー）の完成が挙げられます。市内から空港へ向かう道路は常に渋滞がひどく、私はいつも帰国時には「飛行機に間に合わなかったら大変！」と早めに空港に急いだものでした。しかし、一昨年（二〇一七年）、ダルエスサラームに行ったとき、立体交差道路が半分でき上がっていて、私の乗った車のドライバーのだれもが、その場所を通ると車を停めて、「ほら、これが日本の援助でもうすぐできるすてきなフライオーバー、本当に楽しみです」とニコニコ顔で話してくれました。私もうれしくて、その完成を期待して待っていたわけですが、無事に二〇一八年九月二十七日、大統領ご臨席《りんせき》の下、竣工《しゅんこう》式典が行われ、この立体交差道路のおかげで市内から空港まで、渋滞の激しい時間帯でさえも悠々三十分でスムーズに空港に到着でき、国民が心から喜んでいると聞きました。仕上がりがとても美しく、また大勢のタンザニアの労働者が長い間（合計二百五十万時間）働いたのに、工事開始後一件も事故を起こさなかったという安全神話が生まれたそうです。日本国内の工事でもめったに達成できなかった快挙《かいきょ》というのが自慢で、さらに日本政府が「質の高いインフラ」の輸出に熱を入れている中で、最高の実績として位置づけられるほどの立派な仕事と称賛《しょうさん》されているそうです。

この工事の実施機関はタンザニア道路公社（TANROADS）で、その総裁に敬意を表し、この道路の名前は「ムフガレ・フライオーバー」（Mfugale Flyover）と命名されているそうです。タンザニア人のだれもが喜んでいる大事業・大援助なのですから、こんなうれしいことはありません。そして私は次回のタンザニア訪問で、まず空港からこの道路を走れるのかと思うと、いまからワクワクしています。

第 *1* 章　（Sura ya Kwanza）

初めてのタンザニア

Tanzania niliyokwenda kwa mara ya kwanza maishani

―初の日本青年海外協力隊員として

Kama kijana wa kujitolea wa kwanza kutoka Japani

期待に心弾ませ羽田空港から出発（1967年）

旺盛なボランティア精神

私がタンザニアのことを話すとき、友人たちは不思議そうな顔をして必ず私に尋《たず》ねます。

「五十年も前？　そんな昔になぜ、あなたはアフリカまで行ったのですか？」

「日本で始まったばかりの青年海外協力隊に応募したからです」

「そんなことはわかっているけれど、どんな心境で行ったのですか？　野蛮《やばん》で猛獣《もうじゅう》だらけのアフリカに若い女性が行くなんて、考えられないですよ」

こんな具合に、たたみかけるように聞かれてしまうのです。それも無理のないことだと思いますが……。

当時、私は両親と都内の外銀（外資系銀行）に勤務する妹との四人暮らし。姉はもう嫁《とつ》いでおり、弟はアメリカの大学院に留学中でした。アメリカの大学院を卒業した父の影響で、外国人家族との付き合いが多く、私も英会話には少しは自信がありました。母は埼玉・川越《かわごえ》のガールスカウト結成の発起人《ほっきにん》の一人だったので、私も小学生のときから団員として孤児院や老人ホームの訪問などのボランティア活動をしたり、のちにはカブスカウト（ボーイスカウト年少隊）のリーダーも引き受け、国際キャンプや在日アメリカ人のスカウトとの交歓会を重ねておりました。洋裁や手芸が大好きで、小学生のころからセーターなどを作り、中学生のときにはアップリケの子ども部屋カーテンで文部大臣賞（当時）を受賞。そんなことから母の親友の有名デザイナーの勧めもあり、都内の学校で洋裁を学び、卒業後もデザイナーのもとで学んでいました。

そんなとき、恩師が校長になった埼玉県立坂戸《さかど》ろう学校（現・県立特別支援学校坂戸ろう学園）から「聴覚障がいのある女子中・高校生の自立をめざす職業家庭科の講師をしてほしい」と依頼され、もともとボランティア精神が旺盛《おうせい》な私は、「少しでも生徒さんの役に立つのなら」と快諾《かいだく》したのです。ここでは手話も少し覚え、私の生徒が制作した作品もコンテストで文部大臣賞を受賞しました。また、校内の野球大会ではたくさんヒットを飛ばし、校内新聞に「ウノ　センセイ、タイカク　リッパ。ヤキュー　ジョウズ。オドロキマシタ　オドロキマシタ」などと書かれたりして、生徒との毎日を楽しんでいました。

日本青年海外協力隊の創設

ちょうどそのころ（一九六一年）、アメリカではJ・F・ケネディ大統領の提唱《ていしょう》で平和部隊が結成され、若者たちを開発途上国の支援に送り出しました。このニュースをテレビで見た私は、「すばらしい！　私も海外でこんな仕事をしてみたい。早く日本でもこうした支援が始まらないかしら」と思ったものです。

そして一九六五年、いよいよ日本政府も日本青年海外協力隊を創設。アメリカの平和部隊と日本の青年海外協力隊で異なる点は、日本の場合、隊員は何か特定の技術を持っていることが条件でした。私は洋裁で参加したかったのですが、最初、女性隊員の職種は日本語教師や看護師に限られていました。しかし翌年、「中学教師として洋裁・手芸隊員二十四名募集、任地はアフリカのタンザニア連合共和国」との募集広告が出たので、私は喜び勇《いさ》んで早速、願書を提出しました。それまで協力隊員募集は一国につき二、三人だったのに、一度に二十四人もの女性隊員を募集したことはめずらしく、絶好のチャンスだと思って応募したのですが、予想に反し応募者が多かったとのこと。私と同じ考えの人がほかにもたくさんいたことに驚きました。

さて、前述のとおり、私のアフリカ行きを知った親戚や友人たちは非難轟々《ひなんごうごう》でしたが、私の両親は反対するどころか、むしろ応援してくれました。同期の隊員たちの中には、両親に猛反対され、説得するのが大変で反対を押し切って出てきたという人もいました。

いまになって考えると、私の両親はよくぞ私をアフリカに送り出してくれたものだと、感謝の念でいっぱいになります。

五十年前、タンザニアへの第一回日本青年海外協力隊員は私たち三十人（うち男子は六人）でした。その後、この国に派遣された隊員は、累計千六百三十四人（女子は四百五十三人）に上ります。内訳は、帰国隊員が千五百七十六人（女子は四百二十八人）、現在、派遣中の隊員は五十八人（女子は二十五人）です。そして、シニア海外ボランティアは累計七人（帰国隊員四人、派遣中が三人）です（JICA海外協力隊「派遣実績」二〇一九年三月三十一日現在）。

このようにたくさんの人々がボランティアとして活躍し、現在もなお活動中。とくに、女子の人数が増えたことは、私としては非常にうれしい現実です。現在、タンザニアで奮《ふん》闘《とう》中の隊員の皆さまに、私は日本から熱い声援を送ります。

協力隊の派遣前訓練

一九六六年、青年海外協力隊に合格した私は、そこからが大変。なにしろ、日本で始まったばかりの協力隊でしたので、政府の準備も十分ではありませんでした。訓練所も現在のように立派なものではなく、横浜・根岸《ねぎし》にあった外務省の海外移住センターの一角を協力隊が間借りしており、当時は南米に移住する家族などが日本を発《た》つ前に宿泊していたので、広い風呂場もこの移住者たちと共同でした。狭い部屋は両端《りょうはし》に二段ベッド、真ん中のスペースはほとんどなし。体育館もないなか、早朝のマラソン（起伏の多い根岸はランニングには絶好のコースで、私にとってはつらい思い出です）やラジオ体操から始まり、英語や任国の語学、任国事情、さらに健康管理や人工呼吸法を含む救急法など、連日いろんな授業でいっぱいでした。

任国の語学はタンザニアが英国の植民地だったことからメインは英語で、スワヒリ語の勉強はほんの一週間、着任したときの挨拶《あいさつ》と簡単なやりとりを暗記しただけでした。スワヒリ語という言語を私はここで初めて知りましたが、教えてくださった関口弥次郎先生は、すでに始まっていたNHK国際放送「ラジオジャパン」スワヒリ語放送の担当者でした。独学で学んだという先生のスワヒリ語力はすばらしく、その努力には圧倒されました。

訓練所では、東アフリカ行きのメンバーは私たちタンザニア女性隊員候補者二十四人と、男性は園芸と農業の隊員六人、そしてケニアの体育教師一人と漁業隊員候補が二人で合計三十三名、そのほか任国がアジアの隊員候補者と一緒でした。

最近の協力隊は私たちの時代とは雲泥《うんでい》の差です。JICA《ジャイカ》（国際協力機構）独自の立派な訓練所が福島県・二本松《にほんまつ》と長野県・駒ケ根《こまがね》にでき、設備の整ったすばらしい語学教室も

出発までの間、横浜の訓練所で隊員資格取得に向けた厳しい訓練を重ねた（1966 年）

あり、十分な訓練ができているようで、うらやましい限りです。私たちのころは前述のとおり、粗末《そまつ》な訓練所で外出禁止、「外国に赴任《ふにん》したら任期の二年間は日本には帰れないのだから」と自宅への帰宅も許されず、長期泊まり込みの厳しい訓練だったのです。

でも楽しい思い出もありました。昼の授業が終わると、夜は自習時間だったのですが、隊員の中に社交ダンスの資格を持つ男性がいたので、暇《ひま》を見つけては教えていただき、皆でよく踊ったものでした。ダンスの好きな私は、タンザニアに行ってからもホテルの屋上などで夕涼《ゆうすず》みを兼ね、楽団演奏に合わせて地方からやってくる隊員たちとよく踊りました。また、訓練期間中には日本を知るための関西旅行などもあり、外出禁止令の下に置かれた私たちは、この旅を大いに楽しみました。

派遣直前にキャンセルの報が

長い訓練も無事終わり、隊員資格を取得した私たちは訓練所を去り、出発準備のため、それぞれ自宅へ帰りました。任国への夢をいっぱい胸に秘《ひ》めて……。

出発日は十二月末。そして政府の公式壮行会《そうこうかい》が十二月二十五日、なんとクリスマスに開催されたのです。この日に合わせて地方在住の隊員たちも集まってきて、当日、東京・市《いち》谷《がや》の会場には協力隊創設に尽力《じんりょく》された若手政治家の竹下登《たけしたのぼる》衆院議員（当時）や海部俊樹《かいふとしき》衆院議員（当時）をはじめ、各分野を代表する錚々《そうそう》たるメンバーがご出席くださいました。

ところが、壮行会が熱気いっぱいで盛り上がっている最中、なんとタンザニア政府から「全員キャンセル」という電報が入ったのです。会場を埋《う》め尽《つ》くした人々は蜂《はち》の巣をつついたみたいな大騒ぎになり、もちろん当事者である私たち隊員一同、顔色《がんしょく》を失いました。東北や九州出身の隊員たちは地元を出発する際に、「アフリカから無事に帰国できるかどうかわからない」と心配され、それぞれ親や友人たちと水盃《みずさかずき》を交《か》わして別れてきたとのこと。「餞別《せんべつ》もいただいてしまったし、いまさら帰れない」と狼狽《ろうばい》していました。

こうして、壮行会はひっそりと終了し、私たちは帰宅せざるを得なかったのです。もちろん、日本政府側も困惑《こんわく》していたことは言うまでもありません。

ほかの隊員はまた訓練所で自主訓練をしたのですが、私はそのまま自宅待機し、英国から英語版のスワヒリ語文法書を取り寄せて独学しました。私にとってこの期間は、スワヒリ語学習にとても有意義な時間となり、ラッキーでした。そして待つこと三カ月。一九六七年三月、私たち隊員に待ちに待ったうれしい知らせが届きました。

「出発は三月中旬！」

永遠に赴任できないのではないのかとの不安も吹き飛んで、私たちは再び壮行会に臨《のぞ》んだのです。でも、私たちは最初に依頼された中学校家庭科の洋裁教師ではなく、教育の遅れを取り戻そうと各地で始まった成人教育の一環として、公民館で一般家庭の主婦たちに洋裁を教えることになったのです。つまり、すでに存在していた開発省所属の〝ママ・マエンデレオ〟（開発ママ）の仲間入りをしたのです。

いま考えると、私にとっては全寮制の中学校で教えるよりも、街中《まちなか》で主婦たちに教えるほうが、タンザニア人に囲まれ、この国の生活習慣を知るうえでよかったと思っています。こうして、タンザニアでのすばらしい二年間の隊員生活の幕が開いたのです。

尾翼に大きなキリンが描かれたタンザニア航空機

ダルエスサラーム着

当時はアフリカまでの空路は少なく、私たちはインドのコルカタ経由でトランジット（立ち寄り）、そしてムンバイで一泊して少しだけ自由に市内観光をし、合計三十五時間かけて（いえ、もっとかかったのかもしれませんが）ケニアのナイロビに到着しました。

まず、ナイロビで東アフリカへの第一歩を印《しる》し、ナイロビ郊外のナショナルパークで初めてのサファリを経験したり、市内のへビ公園では、『少年ケニヤ』で有名だった〝大蛇《だいじゃ》ダーナ〟そのものの大蛇をはじめ、グリーン・スネークやたくさんのへビを楽しみました。日本大使館では心尽くしの日本料理で歓迎を受け、翌日はいよいよ私たちの任地である隣国タンザニア連合共和国の首都ダルエスサラームに向け、期待いっぱいで離陸《りりく》したのです。機内では本物のヒョウの毛皮のトーク帽をかぶったかわいい客室乗務員が笑顔で歓迎してくださったので、タンザニアのキャッチフレーズ〝笑顔の国民〟という言葉を、私は早くも実感してしまいました。

ダルエスサラーム空港が近づくにつれ、私たちはワクワク、ソワソワ。身の引き締まる思いでいっぱいでした。とはいっても窓から外を覗《のぞ》いたところで真っ暗闇《くらやみ》。それもそのはず、その日は土曜日の真夜中だったのです。エンジンが止まり、タラップから恐る恐る降り立って空を見上げると、大きな、大きな満天の星。日本では見たこともないような、プラネタリウムよりもっと見事な、まるで吸い込まれるような美しい夜空が広がっていて、私はしばし呆《ぼう》然《ぜん》と佇《たたず》んでしまいました。

　そして空港ロビーに入った瞬間、私の目は壁に張《は》られた大きなポスターに釘《くぎ》づけになりました。そこには等身大のニエレレ大統領の胸から上の写真があり、澄み切った鋭《するど》い眼光《がんこう》でじっと私を見据《みす》え、右手でこちらを指さしているではありませんか！　ポスターにはスワヒリ語で

到着の翌日、現地の朝刊１面には歓迎の記事と写真が大きく掲載された（1967 年）

「JIFUNZE《ジフンゼ》！」（勉強せよ）と大きな文字で書いてありました。

ロビーでは、深夜にもかかわらず、ダルエスサラーム在住の日本人――代理大使をはじめ、商社マンなど――のほか、タンザニアの政府関係者や報道陣が私たちを待ち構えて大歓迎してくださり感激しました。とくに私たちの所属する開発省で私たちの上司となる美人オフィサー、ミス・レンジュが、若くて美しく、きびきびと動いている姿に、私は目を奪《うば》われてしまいました。飛行機の前で記念撮影をした後、私たちは郊外にあるその夜の宿舎、サルベーション・アーミー（キリスト教救世軍）に案内されました。

この宿舎は三、四人ずつ泊まれるコテージで、部屋に入ると天上や壁に十センチくらいのピンク色をしたヤモリがあちこちに張りついて「チチ、チチ！」と鳴いていたのでびっくり！「寝ている顔の上にポタッと落ちてきたらどうしよう？」などと言いながら、私たちはそれぞれ長旅の疲れを癒《い》やすため、早く寝ようとベッドに近づくと、ベッドの上には長方形のネットの上を一束に縛《しば》ってある蚊帳《かや》が下がっていました。裾を広げると円錐形《えんすいけい》の麓《ふもと》は丈《たけ》が短くてベッド全体を覆《おお》うことができず、どうしようかと思っていると、外にあるシャワールームに行った隊員が血相《けっそう》を変えて戻ってきて、「大変！　変なタンザニア人が追いかけてくる」と言うではありませんか。部屋の中にはトイレ・洗面所はあったのですが、シャワールームは外だったのです。私たちは迷いながらも、「みんなで行けば怖くない」と、恐る恐る外に出ました。舗装《ほそう》のされていない地面には短い草が生えており、周りをキョロキョロ眺《なが》めると、たしかに距離を置いて数人の人影が目に入りました。でも私たちは素知《そし》らぬふりしてシャワーを浴び、深い眠りについたのです。

翌朝、外に出ると、ギラギラと太陽が輝き、真っ青な空に真っ白い雲、そして周りにはブーゲンビリアやハイビスカスの花々が鮮《あざ》やかな原色を誇って咲き乱れており、「ああ！ついにアフリカの任地に到着！」と喜びを噛《か》みしめました。でも、足元ではオレンジ色と緑色のカラフルな模様のトカゲや見知らぬ虫がじっと私の目を見つめていました。

そのときふと、私は昨夜のことを思い出し、そっと周囲を眺めてみると、その広い宿舎の敷地の周りはぐるっと塀《へい》に囲まれていて、外から人が入る余地はありません。目を凝《こ》らすと、あちこちに武装したガードマンが立っていて、私は「あっ！」と声を出してしまいました。なんと、昨夜、私たちの後をつけてきたのはこのガードマンで、私たちを警護してくださっていたことがわかったので、昨夜の失礼を反省しました。

その日、日曜日の午後にもかかわらず、昨夜出迎えてくださった開発省の美人オフィサー、ミス・レンジュが私たちを訪ねて来られました。

「よく寝られましたか？　疲れは取れましたか？　具合の悪い人はいませんか？」

こう尋ねながら、各宿舎を回って私たちを気遣ってくださいました。そのとき、びっくりしたのは、彼女が私たちほぼ全員の名前やバックグラウンドまで知っていたことです。二十四人の日本人の名前を覚えるなんて、私には到底できない。すばらしい記憶力、頭脳明晰《めいせき》、いや努力の賜物《たまもの》といったほうがよいのかもしれませんが、私は度肝《どぎも》を抜かれました。

「アフリカでは、すべてがポレポレ《ゆっくり》と思っていたのに、これはとんだ国に来てしまった」

と思いました。

後から聞くと、彼女は毎日、日本の外務省から送られた私たちの経歴書と顔写真を見ながら覚えたそうです。とにかく私はこの国で、優秀で事務能力のある立派なタンザニア人の男女にたくさん出会いました。頭脳明晰で正しい判断力があり、実行力と優《やさ》しさあふれる人が多いのです。日本で開催されるさまざまな会議でも、アフリカ各国の代表者は姿勢正しく、立ち姿の美しさもさることながら、威厳《いげん》があり、教養にあふれ、そのうえ、ユーモアのセンスの持ち主で、近づくと圧倒されてしまうような現代人が多いのです。

でも残念ながら、私は隊員時代、日本人の黒人蔑視《べっし》の声をよく耳にしました。

「黒い人たちは教育がないし、仕事もきちんとできない。そのうえ、約束を守らない」など。でもこれは植民地時代に月謝《げっしゃ》が高くて勉強したくても小学校にも行けなかった結果のことで、たしかに基礎学力に欠け、読み書きができない人々はいたけれど、生きていくための知識や能力、自然への対応や順応性、生活力は日本人よりはるかに高いと思います。

当時のこうした黒人蔑視の批判は、私の知る限り、彼らの家で雇《やと》っているお手伝いさんやコックさん、ドライバーや庭師などに対してのもので、とくに、「ラマダン（イスラム教の断食期間《だんじき》）の一カ月間、使用人が遅刻してきて困る。そのうえ、怠《なま》けて働かないから給料を差し引こう」などと心ないことを言う日本人がいたのです。しかし、夜明けに四時起きして徒歩で長い距離を職場まで通《かよ》い、熱帯の真夏の国で日の出から日没まで宗教上の戒《かい》律《りつ》を守って一滴の水も飲まず働くのですから、疲れて働けなくても仕方ないと、私は思ってしまいます。雇用者側に立てば仕方がない発言なのかもしれませんが……。

でも、きちんとした職業を持っている人たちと英語で交際していれば、こうした批判は出なかったはず。欧米やソ連（当時）に留学（途上国には先進国からの奨学金提供があるため日本人以上に海外留学している人が多い）していて、学位を持つ人も多く、インテリで教養ある人が多かったのです。私は、立派に仕事を処理し、優秀な頭脳を持ち、礼儀正しく、そのうえ、明るくユーモアいっぱいで心の広いすばらしいタンザニアの人々にたくさん会う機会に恵まれ、幸せでした。もちろん昔と違い、現在は義務教育制が確立したので、読み書きのできない人はいなくなり、状況は大きく変わっています。

首都ダルエスサラームに到着して二日目の月曜日。私たちの所属する開発省にご挨拶に行ったとき、大臣がスワヒリ語で歓迎の挨拶をされ、若いオフィサーが英語で通訳してくださいました。たくさんの言語を統一し、スワヒリ語を国語とした独立国としての誇りを自ら示し、スワヒリ語で話してくださったのです。

さて、私たち二十四人は日本を発つ前に年齢や性格を考慮し、二人一組で任地がすでに決められていました。ところが、この日の大臣のご挨拶の後、ミス・レンジュから任地が発表されると大騒動。日本からの提案が無視されており、タンザニア側の説明は「二人一組では二十四都市が十二都市に減り、大勢の女性が洋裁を学ぶチャンスを失う。なぜ、日本女性は一人ではダメ？」と言うのです。日本政府側は慌《あわ》てて大反対し、抗議したので決定は翌日に持ち越され、「仕方がないから二人一組はよいが、組み合わせと任地はこちらで決定する」とのことで、日本側の提案はすっかり変えられてしまったのです。私は英語ができたためかダルエスサラームに残り、早速、ミス・レンジュの厳しい監督下に置かれ、毎月一カ月分のシラバス（講義概要）とともに、一カ月後にはレポートを提出させられました。スワヒリ語がまだよくできなかった私たちは英語で記入したので、「あら、あなたたち、英語が書けるのね。それなのにどうして話せないの？　うちの国は書けなくてもしゃべれる人が多いのに」などと言われました。

勤務規定は公務員と同じで、「長期休暇は一年経《た》ってから」とのことでしたが、地方の隊員たちはいつでも休暇を取って首都に出てこられるので、うらやましい限りでした。

あるとき、私はミス・レンジュに「隊員の新しい組み合わせはどう決めたの？」と聞いてみたら、「あなたたちが着いた翌日、宿舎に会いに行ってそれぞれと話したのはインタビューで、実は英語力と性格のテストでした。その結果をメモした手帳を基にあなたたちの組み合わせと任地を決めました」と言ったので、「名前を覚えるだけでも大仕事なのに、面接と試験までしていたとは」と、私はまたまた驚いてしまい、その事務能力に脱帽《だつぼう》しました。同時に、私たちが到着してすぐに、タンザニアの政府関係者の間で「日本の政府はまるで子どもみたいな、しかも中学も卒業していない隊員を送ってきて驚いた」という噂《うわさ》が流れたことも知りました。タンザニアでは中学の授業は全部英語なので、英語ができない人は中学を卒業していないと判断されたのです。たしかに、私たち日本人は男女とも外国人に比べたら若く見られがちですが、英語に関しては、前述のレポートを英語で提出したので、名誉挽回《めいよばんかい》。誤解が解けて安心しました。とにかく、私は今後、隊員をはじめ日本人は、どんな理由で海外生活をするにせよ、英語はもちろん、その国の言葉を学ぶことが大切であると実感してほしいと思います。なぜなら、言葉なくしては人々との交流もできず、国際理解も得られないことを痛感したからです。

私がスワヒリ語でしゃべると人々は笑顔で打ち解け、「ラフィキ《友だち》、ラフィキ《友だち》」と喜んで、いろいろ教え、助けてくれました。隊員の中には「言葉などできなくてもジェスチャーで十分」と強調する人もいたのですが、私はその人のクラスの生徒から「何を言いたいのかさっぱりわからない」との不満を耳にして、困ったことがしばしばありました。本人は理解し合えたと思ったようですが、やはり言葉で伝えないと真の理解は得られないのです。

洋裁教室のスタート

ダルエスサラームに着いて三日目、私はこの街の中心地にあるいちばん大きな中央公民館で教えることになり、早速、洋裁教室が始まりました。地方に行く汽車が少ないので、市内にはまだ任地に行かずに待機している隊員もいたのですが、首都が任地の私は「ポレ《ゆっくり》ポレ」どころか「ハラカ《早く》、ハラカ《早く》」と仕事に入ったのです。

開発省のオフィサーがほかの隊員三人と一緒に市内の公民館を案内してくださいました。大小の公民館が市内にたくさんあり、この国がいかに成人教育に熱を入れているかがよくわかりました。どの公民館にも大勢の人々が集まり、私たちを大歓迎してくれたのです。

ある公民館の前では、オフィサーが私たちを「我が国の発展の手助けに来てくれた日本から協力隊員です」と紹介してくださり、集まっていた女性だけでなく男性まで、たくさんの人たちがニコニコ顔で大拍手。すると、オフィサーが「なにか一言、挨拶を！」と促《うなが》したので、私は一歩前に出て、暗記していたスワヒリ語の文章を得意顔で述べました。

「私たちは日本からやってきた協力隊員で、タンザニアの発展の手助けのために、あなたたちと生活を共にし、一緒に努力します」

こう言い終わるや否《いな》や、皆が大拍手で私たちを囲み、口々にスワヒリ語でまくし立てたのです。残念ながら私は、そのときはまだスワヒリ語をしゃべるどころか理解することさえできず、スワヒリ語ができないとわかった人々の失望と落胆《らくたん》の表情を見て赤面《せきめん》すると同時に、心の底から「スワヒリ語を勉強しなければ！」と決意を強くしたのです。

翌日、出勤すると、公民館では館長がいろいろ説明し、案内してくださいました。公民館の名前は「アナトグロ・コミュニティ・センター」。場所は街の中心にあるムナジ・モジャ公園の近くで、インド洋の海辺にも近く、広場を挟《はさ》んで大きな診療所がありました。

この診療所には朝早くから、医療費の高い病院には行けない大勢の患者が押しかけていて、建物の周りをぐるっと囲み、ギラギラ太陽で熱くなった砂地に座って順番を待っていました。炎天下、日よけもない砂地の広場でじっと座っている病人たちを見るのは本当に気の毒で、医療方面の援助も大切なことがよくわかりました。

アナトグロ・コミュニティ・センターには、たくさんの教室が並んでいて、どのクラスも早朝から成人教育に熱心でした。算数、国語（スワヒリ語）の読み書き、英語のクラス。そして私の洋裁教室は建物の隅《すみ》にありました。隣にはミシンなどの備品をしまう倉庫兼小教室があり、毎朝出勤するとまず鍵《かぎ》を開け、ミシンやさまざまな備品を運ぶのが第一の仕事。でも、たまに授業終了後、ミシンなどをしまうときに誤《あやま》って鍵を中に入れたまま自動鍵（オートロッ

ダルエスサラームで最も大きな公民館、アナトグロ・コミュニティ・センターの一室で洋裁教室を行っていた（1967年）

ク）を閉《し》めてしまい、大騒ぎになったこともありました。
建物のいちばん端には大ホールがあり、公民館の講堂として公の各種行事や各クラスの卒業式などの集会、結婚披露宴まで行われ、土日の夜ともなれば、唯一《ゆいいつ》の娯楽であるダンスパーティーが開かれて周辺まで鳴り響くような音楽をバンドが演奏するのです。

私たちも教材の資金集めのためにパーティーを開催したのですが、楽団を雇ってお金を支払うと収入が減り、がっかりでした。でも、貴重な資金源なので、「ないよりはマシ」と何回か行いました。パーティーは明け方まで続きましたが、優しい生徒たちは私を心配し、早めに車で送り届けてくれることもありました。街灯《がいとう》がなく、真っ暗な我が家の前に着くと、玄関のドアの鍵穴がすぐ見つかるようにと車のライトを煌々《こうこう》と照らしてくれるなど、本当にありがたかったです。「この細かい配慮がタンザニア人の優しさなのか！」と感動したことが思い出されます。

私は帰国後もタンザニアを再訪した際には必ず、私が教えていた公民館を訪れ、懐《なつ》かしくて庭に咲き誇るハイビスカスの花々に触《ふ》れてみたりしました。

でも、三年前（二〇一六年）に訪ねてみると、その建物はうらぶれて昔の面影《おもかげ》はなく静まり返っていて、あの喧騒《けんそう》はどこへやら。いまは政府の事務系の建物に代わってしまい、私の青春も消えてしまったかに思え、落胆しました。現地の人でさえ、「ここがアナトグロ・コミュニティ・センターだった」と言っても怪訝《けげん》な顔をするのです。なにか昔の公民館の記録がないものかと探すと、長さ二十センチくらいの金属板に小さな文字で「アナトグロ・コミュニティ・センター」と書いてあるのを見つけ、胸がいっぱいになりました。

考えてみれば、小学校の義務教育制も完成し、だれもが学べる時代になったのですから、成人教育など必要がなくなり、消えるのも当然なことでしょう。小学校の就学率はアフリカの中でも高く、九一%にもなるのです。女性の大学進学も増え、国民全体の教育レベルは飛躍的に上昇したのですから、私も喜ばなければいけないと思いました。

市場での買い物デビュー

公民館を一通り案内し終わると、館長が「生活必需品で足りないものを買うように」と車（ちょっとボロだったけれど、大きなランドローバー）とドライバーを貸してくださり、市内一大きいカリアコ市場に買い物に出かけました。市場には野菜、果物、魚、肉、生きた鶏など何から何まで売っていて、大勢の人々でごった返していました。当時はなんの心配もなく一人で買い物に行っていましたが、最近は一人歩きは危険と言われています。

市場の周りには、ありとあらゆる商店が並んでいて、何でも手に入りました。私たちはまず炊事用《すいじよう》のコンロを探しました。ドライバーに尋ねると、「直径三十センチくらいの空き缶の途中に金網を置いて炭を入れ、その下が一カ所空いているのがコンロだ」と教えられ、すぐさま購入。炭も大きな一袋を買い求めました。鍋とお茶碗《ちゃわん》、箸やスプーンは日本から持参していたので、あとは野菜などの材料を揃《そろ》えました。

次は寝具。二国間協定で「家と家具は相手国が用意する」という決まりだったので、最初は団地の一軒に四人一緒に住みましたが、あとからもう一軒貸与《たいよ》されたので、二人ずつ分かれて住みました。その家には鉄フレームのベッドは置いてありましたが、ベッドマットやシーツ、枕、電球（カサなしで電気コードだけがぶら下がっている）は外の商店で買い求め、買ってきた品々を新居に設置しました。毛布は日本人が経営する毛布工場の藤原社長様からプレゼントしていただき、とても助かりました。裸電球を差し込むと夕方には電気が灯《とも》り、大満足。お風呂は水シャワーだけで、日中は外の高温でパイプの水がぬるま湯になるのですが、夜はまた冷たくなってしまうため、慣れない私は跳び上がってしまい、日本のお風呂が懐かしくなりました。

さらに困ったのは、テーブルも椅子もないことで、荷物を詰《つ》めて日本から持参した段ボールをテーブル代わりに使い、新聞紙を床《ゆか》に敷《し》いて座らざるを得ませんでした。台所の水は使えましたが、炭を使うコンロは室内では使えず、裏庭で炊事を始めました。でも地面には小さな赤アリがたくさんいて足に這《は》い上がり、夜は蚊がブンブン飛んでいるのです。団扇《うちわ》も扇子《せんす》もなく、マッチ一本で紙もない状態で炭火を熾《おこ》すのは至難《しなん》の業《わざ》。キャンプ生活に慣れていた私もさすがにお手上げで、仕方なく団扇の代わりに雑誌でパタパタと扇《あお》いで火を熾したのです。こんな調子ですから、炊事には長時間かかり、私は毎朝七時半の授業には遅刻寸前でした。

しばらくして中古のテーブルが貸与さ

ダルエスサラームの市場の前の雑貨店（1967年）

れたのですが、冷蔵庫やコンロはなかなか手に入らず、公民館の人たちが同情して公民館用の石油コンロを貸してくれました。しかし、穴が詰まっていて火力が弱く、あまり役には立ちませんでした。私は、仕事帰りに何度も役所に通い、だいぶ経ってから中古の電気オーブンがやっと手に入りました。でも、この土地での冷蔵庫なしは痛手で、暑さからバターは水状態に溶《と》け、ミルクは早く腐敗《ふはい》して困りました。そんな状態でしたから、文明の利器が手に入った後はやっと生活が楽になり、助かりました。

挨拶の大切さ

日焼けを防ぐために大きなつば広の帽子をかぶってバスで通う日本人の私のことは皆、興味深いのか、知らない人たちまでも、あちこちから「ママ・マエンデレオ！」《開発ママ》「フジャンボ？」《元気》と声をかけてくれました。ちなみに、「ママ」の意味はスワヒリ語でも母親ですが、この国では若くても、子どもがいなくても、敬意を表してつける女性の敬称でもあるのです。

ところが、授業を始めて十日くらい経ったある日、授業が終わると、助手兼スワヒリ語の通訳（生徒の三分の二は英語がわからず、スワヒリ語で話していたので）が私に近づいてきて、こう聞いたのです。

「ママ・ウノ。皆があなたのことを心配しています。なぜなら、あなたは生徒たちからの挨拶にきちんと返事を返さないでしょう？　それにあなたはいつも下を向いて足早に歩いているけれど、具合が悪いのですか？　ホームシック？　それとも日本の家族が病気なの？　どうして皆にきちんと挨拶をしないの？」

　こう言われて私は唖然《あぜん》としました。そんな覚えはまったくなかったからです。それで私は「ちゃんと〝スィジャンボ《元気です》！〟と返事を返していますよ」と答えると、「そんな一言だけの返事ではダメです。〝元気です〟のほかに、私たちの挨拶は〝仕事は？〟〝家族は？〟〝子どもの様子は？〟〝両親は？〟〝店の人は？〟とか、お互いにいろいろ尋ね合うのです」と言うではありませんか。朝、遅刻しないように急いでいるときに、そんな丁寧な会話などしてはおられず、「こんにちは」の一言で十分だと思っていたのです。

　でも、たしかに挨拶で相手をいろいろと知ることは、それだけ親密さが増すものです。いまの日本では挨拶などしない人も多く、隣に住む人と会話するどころか名前すら知らず、オフィスでも隣の席とメールでやり取りをするなど、顔を見ながら挨拶したり、話したりする機会が失われており、人間関係が薄れているのかもしれないと思いました。

　この出来事を通して、殺伐《さつばつ》とした世の中で、挨拶が人間同士をつなぐ大切な絆《きずな》であることを、私は深く知らされましたし、また、日本人も見習わなくてはと大いに反省しました。ボランティア仲間が「私は途上国に指導に行ったのに、教えるより教えられることのほうが多かったようだ」と言っていましたが、これもその一つです。

それと、下を向いて足早に歩いていると言われたのは心外で、朝早い出勤で遅刻しないようにと急いでいたのですが、たしかに日本人は姿勢が悪く、歩き方が下手《へた》なのかもしれません。タンザニアの人々は男女問わず姿勢正しく、大股で街を闊歩《かっぽ》しています。頭にモノを載せて歩いているわけではないのに、たしかに多くの人たちがピンと背筋を伸ばし、格好よく歩いているのです。以来、私もなるべく姿勢正しく歩くように努力はしているのですが、美しく歩くのはなかなか難しいことだと思います。

洋裁教室の日常

成人教育の一環として始められた洋裁教室は一般募集だったので、朝早くから赤ちゃんを背負った若い奥さんや年配のおばさんたち、そして独立後も帰国せずタンザニア国籍を取って残ったインド系の人たちも交え、四十人くらいの女性が熱心に通ってきました。

まず私がしたことは、クラスの名簿と出席簿作り。皆に紙を渡し、自分の住所と名前を書くようにと言ったのですが、皆モジモジして一向に書こうとしないのです。「私が外国人だから？」と戸惑っていると、私の助手の開発ママが「皆、書きたいのですが、書けないのです」と言うではありませんか。九九・九％の識字率《しきじりつ》を誇る日本人の私には、世の中に名前が書けない人がいるという現実にびっくりして、答えに窮《きゅう》しました。

もちろん、現在のタンザニアの教育制度では、小学校七年は義務教育制となっているので、文字の書けない人はいないのですが、当時は、植民地だった影響で小学校にも通えなかった子ども（とくに女の子）が多く、その人たちが成人したわけですから無理もないことです。鉛筆すら持ったことのない人にとって洋裁の作図をするなんてとても無理な話。定規《じょうぎ》を使ってまっすぐな線を引くことさえできず、計算もおぼつかず、二分の一くらいならわかるのですが、三分の一や四分の一などは困難でしたので、洋服の作図は諦《あきら》め、でき上がりの型紙を使いました。

基礎縫《ぬ》い練習をするために「家から布切れと針や糸を持ってくるように」と言うと、「そんなものはない」と困惑されてしまいます。たしかに、既製品《きせいひん》のブラウスやTシャツの上にキテンゲやカンガ（アフリカの布地）を巻いているのが普段着で、衣類はボロになるまで着てしまうので布切れなどないわけです。

JICAでは、私たち隊員一人ひとりに携行教材として白布地百メートルと足踏みミシン一台を持たせてくれたのですが、タンザニア政府からの援助などは一切《いっさい》ないので、その白い布地でまず子どもの下着を縫い、月末には教室を開放してバザーを実施。その売り上げでミシン針、糸、布地などを買って、また作品を作るという繰り返し。それでも生徒数が多いので布地はすぐになくなり、私は仕事帰りに街じゅうの布地屋に日参《にっさん》しました。「サンプル布を無料で分けてほしい」とお願いすると、ついに私の根気《こんき》に負けたのか、ようやくサンプル生地を無料で譲《ゆず》ってくださり、教材が増えて助かりました。

当時のタンザニアの商店主の多くはインド・パキスタン系の人たちです。ダルエスサラームの中心街には彼らの店が軒《のき》を連ね、「インディアン・ストリート」という通りがあったくらいですから、布地屋の店主はほとんどがインド系の人たちでした。

さて、タンザニアにインド・パキスタン系の人たちが多いのは、植民地時代に英国が東アフリカのサバンナに鉄道建設をしたことによります。これは小説『人喰鉄道《ひとくいてつどう》』（戸川幸夫著／徳間文庫）でも有名なのですが、鉄道建設の難しい工事は現地人には無理だとして、少しだけ教養がある（?）とされたインドやパキスタンから大勢の労働者を連れてきたことが始まりでした。工事が終わっても彼らは帰国せずにこの地で商売を始め、ずっと住み続けることになったのです。宗主国《そうしゅこく》の英国もそれを許可し、一番は英国人、二番目はお金持ちになったインド人やパキスタン人、最下位がアフリカ人というランクを決めたので、国際ロータリークラブやライオンズクラブのメンバーには英国人に交《ま》じってインド・パキ

洋裁教室では女性たちが熱心に授業を受ける。右端が著者（1967年）

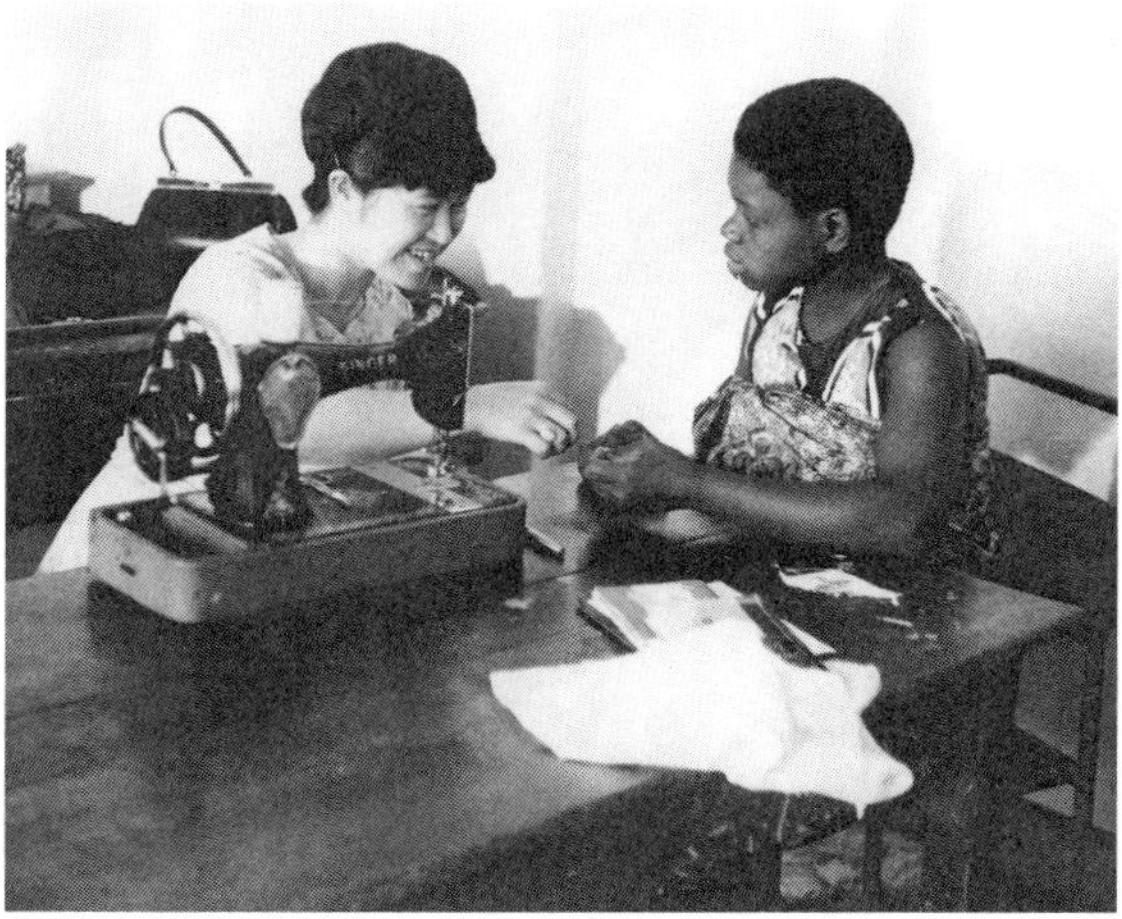
ミシンの使い方を丁寧に教える。左が著者（1967年）

スタン系の人々が増えていきました。そして、彼らはアガ・カーン病院や学校などを建てたり、多大な寄付をし、大いに東アフリカの国々に貢献したのです。

とかく外国には華僑《かきょう》が多いものですが、当時、私の知っていた華僑といえば「あなた、日本人？」と声をかけてくれた、たった一人の青年だけで、「アフリカじゅう、どこの国に行っても中国人に出会う」という現在のような現象が起きるなんて夢にも想像できないことでした。これらのアジア系の人々にはタンザニアやケニア、ウガンダが独立するとき、自分の国籍を住んでいた国々の国籍ではなく、ネームバリューのある英国籍にした人たちも多かったのです。

独立後、アミン政権下のウガンダでは、ウガンダ国籍のない外国人は即刻《そっこく》、国外退去《たいきょ》を強制され、着のみ着のまま、命からがら母国のインドやパキスタン、イギリス、カナダなど、受け入れてくれる国々に亡命《ぼうめい》せざるを得ず、大騒ぎになったのです。タンザニアではそのような政策は取らなかったのですが、やはりタンザニア国籍のないインド・パキスタン系の人たちは住みづらくなったことと思います。

私のクラスにもインド系の生徒が三人、若いお嬢さんと中年のご婦人がいたのですが、あるとき、タンザニア人の生徒が私のところへ来て、こう言いました。

「先生、あの人たちに教えないでください。彼女たちはお金持ちで家にミシンもあり、ここで習った洋裁を活《い》かして、ますますお金持ちになってしまいます。私たちとは境遇《きょうぐう》が違うのです。そのうえ、手にしたお金は全部、本国の銀行に送ってしまうのですから」あまりに懇願《こんがん》されたので、私は公民館の館長に相談しました。すると、「彼らはタンザニア国籍を取った立派なタンザニア人ですから、そういう差別は許せません」ときっぱりと言われ、私はこの論理にとても感動しました。

小学校の制服作り

教材集めで忘れてはならないのはニエレレ大統領夫人の援助のことです。授業もだんだん軌道《きどう》に乗って、生徒たちの洋裁の腕も上がってきたころのことでした。公民館には、政府関係者をはじめ、いろいろな方がたびたび見学に来られましたが、ある日、私の教室にニエレレ大統領夫人が秘書と一緒に現れたのです。幸いなことに、私は大親友のヌシク夫人（タンザニア連合婦人会ダルエスサラーム支部長）とともにさまざまな集会に顔を出し、ニエレレ夫人には何度かお会いしていましたので、喜びいっぱいでお迎えしました。すると、夫人は「小学生の制服を皆にアルバイトとして縫ってもらいたいので、今日はあなたに相

ニエレレ大統領夫人と

談に来たのです」と言われました。願ってもないお話に驚き、生徒たちも瞳《ひとみ》を輝かせてうれしそうでした。タンザニアの小学校では各校ごとに色違いの制服を着て、上着は白い半袖シャツに女子はスカート、男子は半ズボンと決まっています。義務教育なので小学校の月謝は無料ですが、制服代は親が支出しなくてはならず、結構、家計の負担になっていたのです。

制服作りが始まると、刑務所の仕事として裁断された布地が教室に届けられ、生徒が縫《ほう》製《せい》をすると一枚いくらかの報酬《ほうしゅう》を支払われるシステムで、私の教室は縫製工場と化《か》したのです。生徒たちも「お金になるなら」と大喜びで、一生懸命ミシンを踏みました。でも、なかにはあまり上手《じょうず》にできない人もいて、作品を市場に出せず、報酬も得られず失望落胆ということもありましたが、奮起《ふんき》して次の作品は一生懸命努力するので、教育効果大！　とてもよい経験となりました。大統領夫人もたびたび教室に激励に来てくださり、生徒との友好ムードも高まりました。そのうえ、しばし教材集めの心配がなくなり、助かりました。

授業を進めるうちに、私の生徒たち――といっても家庭の主婦が多かったのですが――皆で相談して運営委員を選び、バザーで集めたお金を銀行に預けることにしました。当時のタンザニアでは、お金は夫（男性）が扱うもので、主婦が管理する習慣がなかったわけですから、初めて銀行に行く生徒も多く、女性の地位向上にとても役立ちました。

七人程度の運営委員会でしたが、彼女たちが物事を決定する会議のすさまじさに、私はしばしば圧倒されました。この国の女性は、とにかくよくしゃべるのです。しかも理路整然と。日本人のように周囲の顔色をうかがいながら、相手に悪く思われないようにと、思うことの半分も言わず、しかも後から陰でグチグチこぼすなどということは一切しないのです。思ったことや言いたいことは、はっきりと言うのですっきりします。私が口ごもったりすると、言い負《ま》かされてしまいそうでした。それで私もだいぶ感化され、それ以来、思ったことをズバリとそのまま言うようになりました。日本人には嫌われますが……。

ミシンの組み立て

こうして教材を工面する手はずはなんとか整ったのですが、ミシンの数が少ないことにも、ちょっと困りました。公民館には古いシンガーの足踏みミシンが数台、日本からの援助による手回しミシンが数台、そのほかのミシンが数台とあまり数がなかったので、皆が交代で使いました。街の商店には中国製のバタフライ（金色の蝶々《ちょうちょう》の模様のついた黒塗りの頑丈《がんじょう》このうえない足踏みミシン）が並んでおりましたが、値段が高かったのです。

家にミシンを持つ生徒はインド系を除いては皆無《かいむ》でしたが、オフィサーのミス・レンジュや私の友人たちの中には結構、電動ミシンを持っている人がいました。でも、私は正直言って日本からの援助による手回しミシンなど、それまで使うどころか見たこともなく、そのうえ、手回しミシンの重要なハンドルが折《お》れて使えなくなっているものが多かったのです。途上国への支援なので、日本は質が悪い古い型の手回しミシンを送ってきたのか、あるいは、こちらでの使い方が悪かったのか。といっても単純に手で回すだけで折れるはずなどないのです。生徒たちからは非難がましく、「アメリカのミシンは丈夫で壊《こわ》れません」などと言われ、私はいささか赤面しました。

私たちの携行教材は、白い布地のほかに足踏みミシンが一人一台。これは授業が始まってまもなく、船便で頑丈な木箱に入って公民館に届きました。私たちはうれしくて早速、木箱を開いたのですが、部品がバラバラに分解されていたので、仕方なく部品を教室いっぱい広げて組み立て始めました。でも、何しろ道具がなく、四台のミシンの組み立ては大変でしたが、部品が大きいので何とか仕上げて使用可能になり、生徒たちから大喜びされました。

自転車に乗って

ミシンに続いて、今度は自転車が一人一台届きました。といっても、これも部品がバラバラに分解された状態でした。当時、私たち女子隊員にはオートバイではなく、自転車が与えられたのですが、私の住んでいたケコ団地は、職場である公民館から五キロメートルくらい離れていて、当時はバスが一時間に一本、そのバスも時々、間引きや運休されたので、バス通勤は厳

隊員当時、住んでいたケコ団地には思い出がいっぱい

しかったのです（現在は、たくさんのバス会社もでき、五〜十五分おきにバスが運行され、どこでも乗せてくれる乗り合いタクシーもあります）。

朝の出勤のほか、午後の帰宅時に近くの市場で食料品や野菜などを買って、重い荷物を持ってのバス通勤は大変でした。古いガタガタバスは常に満員、とくに月二回の給料日には、普段は徒歩の人たちもバスに乗り込んでくるので超満員で動く余地もなかったのです。ダルエスサラームに住む自家用車持ちの日本人からは、「あんなに皮膚病の現地人の多いバスなどには乗らないほうがいいよ。病気がうつるし、第一、日本人としての誇りがないのか？」などと言われましたが、かといってほかに交通手段がない私たちには、どうしようもないことでした。ですから、届いた自転車に一刻も早く乗りたくて、一生懸命に部品の組み立て作業をしたのですが、いかんせん、スパナどころかドライバーすらないのですから、いくら頑張ってもできるはずがありません。昼近くになって、汗はダラダラ、気持ちは焦《あせ》る。そのうえ、近所の暇人《ひまじん》たちが私たちを取り囲んで、「いつでき上がるか、いつでき上がるか」と飽《あ》きずに見ていたのです。おそらく、私たちがミシンを簡単に組み立てたので、自転車もすぐでき上がると思ったのでしょう。でも期待外《はず》れ。私たちがついに万策尽《つ》きて座り込んだのを見て、一人がおずおずと近づいてきました。

「あの〜、このすぐ先に自転車屋があるのですが……」

「それなら早く言ってよ！」

頭にきた私は、思わずこう叫《さけ》んでいました。でも、そのおかげで作りかけの自転車を皆が運んでくれ、立派な自転車が完成したのです。

余談になりますが、この出来事以来、「車やカメラを生産する国、日本から来た日本人ならミシンや自転車のほか、何でも直せる」との評判が立ったのか、仕事が終わるころになると、いろいろな人がラジオや懐中電灯などの品物を手に公民館まで押しかけてきて、「これを修理して」と頼まれました。うれしい悲鳴ですが、そんなことできるわけがないのですから困惑しました。また、子どもが転んでケガをしたとき、持っていた薬を塗《ぬ》ってあげたのがまたまた裏目に出て、あちこち痛いという人が後を絶たず、私は医者ではないと断るのに苦労しました。医薬分業で薬は簡単には手に入らず、おまけに輸入品なので値段が高くて買うことができない人が多かったのです。

ジェンゴ先生

早朝から昼食抜きで午後二時過ぎまで授業をした後、五キロメートルの道のりを自転車で帰宅。それから裏庭で長時間かかる炭火を熾し、夕飯の支度を始めるのは大変な作業です。ある日、私が裏庭で雑誌をパタパタしながら火熾しをする姿を見かねて、隣人の大学教授ジェンゴ先生がお手伝いさんに二リットル瓶《びん》に入った灯油を持たせてくれました。

「これを炭の上に撒《ま》けば、早く火が熾せると主人が言いました」

数日後、食事に招待してくださったジェンゴ先生の本棚には、思いがけず日本の浮世絵の大きな画集が飾ってあり、驚かされました。油絵を描《か》くことが趣味というジェンゴ先生は、私にこう尋ねたのです。

「日本人の生活がなぜこんなに原始的なのか、さっぱりわからない」

「え？　それでは皆さんはいったいどうやって調理しているの？」

「我が家はオーブンつきの電気コンロだが、まだ石油コンロを使っている人もいる」

私たちに対して興味津々《きょうみしんしん》の近所の人々は、身近で暮らしぶりを目《ま》のあたりにし、「これが自動車やカメラを製造する先進国の人々の生活なの？」「ボランティアでお金がないの？」「欧米と違い、日本人の生活はこんなに原始的なの？」と、とんだ誤解を招いたのです。

このとき、私は真の国際理解がいかに難しいかをつくづく考えさせられました。私たちが誇る日本について、外国では「富士山」「芸者」というイメージは浸透《しんとう》していますが、世界の人々がこのすばらしい先進国日本のことを知っていると錯覚《さっかく》するのは大まちがいで、もっと日本の真実の姿を知らせる努力をしなければいけないと痛感しました。

この当時でさえ、近所では、電気コンロや石油コンロ、もちろん冷蔵庫やラジオ、扇風機などの家電が揃った文化的な生活をしており、週末ともなると、すてきなソファーのある応接間に大勢の親戚や友人たちが集まって楽しんでいました。娯楽が少ないからといえばそれまでですが、優しくて他人を思いやるタンザニアの人たちはユーモアいっぱいで、いつも笑いに包まれ、「貧乏生活なんのその」とばかりに、足りない品物は貸したり借りたり、自然で自由な人間味あふれる毎日を楽しんでいるように思えました。

ジェンゴ先生のお宅でも、毎週末になると洋画を描く友人たちが自分の描いた油絵を持ち寄って展示し、皆で簡単な夕飯を囲み、そのあとは決まってダンス、ダンス、ダンス。そんなときは必ず私たちを誘ってくださり、絵画の話や日本の話、タンザニアのことなど和気あいあいと意見交換をしたり、暑い夜をものともせず、ラテンや欧米のポピュラーソングのレコードに合わせ、夜遅くまで踊ったものでした。私たちが帰国するときには皆で別れを惜《お》しんでくださり、ジェンゴ先生は描き上げたばかりのすてきな絵をプレゼントしてくださり、いまもその絵は我が家の客間で輝いております。

三年前（二〇一六年）、タンザニアを訪問したときに、ダルエスサラーム大学の近くにあるジェンゴ先生のお宅を訪問。お元気なご夫妻と二十年ぶりの再会（帰国後に二度ほどお会いしているため）を果たしました。昔話に花が咲き、当時の隊員四人の名前も間違えず覚えていてくださったので大いに驚き、感激しました。アトリエではジェンゴ先生が最近、描かれた油絵や昔の知人たちの絵も見せていただき、感慨一入《かんがいひとしお》の有意義な時間となりました。持つべきものはやはりよき友で、どんなに人生を楽しくしてくれるかわかりません。

通勤の交通手段

自転車通勤が始まってまもなく、私たちは開発省のオフィサーたちに呼び出され、自転車通勤禁止令が出されました。というのは、当時、海のない隣国ザンビアが銅鉱石《どうこうせき》をダルエスサラーム港まで運搬・輸出するため、ダブル連結の巨大なタンクローリーが毎日超スピードでダルエスサラームの街を走り抜けていたのです。連結の後ろの長い大きな車は左右の揺れがひどく、道路脇を走る自転車など吹き飛ばさんばかりの勢いなので、危険だからとの勧告でした。

ザンビアは港をもたないため物流に困り、港を持つ隣国のタンザニアと提携《ていけい》、中国の無償援助でTAZARA鉄道（タンザニア・ザンビア鉄道）を建設しました。この鉄道は一九六五年に中国と協定を結び、一九六七年に着工。ザンビアのカピリムポシからタンザニアのダルエスサラーム港までの工事が行われ、一九七〇年に完成しました。

しかし、自転車をやめてバス通勤に切り替えると、いろいろなことが起こりました。

炎天下の帰宅時に野菜などを買って重い荷物をたくさん抱《かか》え、満員バスに乗るのは一大仕事です。朝七時半から午後二時半まで飲まず食わずで仕事をした後は暑さで疲れているので、正直のところ、一刻も早く家に帰りたいのです。市場の近くの停留所で大勢の人たちに交《ま》じり、じっとバスを待っていると、本数少ないオンボロバスが近づいてきますが、人々が狭い入口に殺到《さっとう》するので乗るのもひと苦労。タクシーも走っていますが、家までは遠いので料金が高く、乗るのをためらってしまいます。

ある日のこと。私は手にいっぱいの荷物を持ち、満員のバスに乗り込みました。すると、近くの席にいた男性が、「ママ、ここに座りなさい」と席を譲ってくれたのです。私はうれしくて前の人をかき分け、大きな荷物を手にその席に座ったのですが、同時に後ろのほうから男性が大声で叫びました。

「君、なぜその外国人（私のこと）に席を譲るのか！　いまや我が国は白人から独立した立派な国なのだ。白人などにペコペコお世辞《せじ》を言う必要はない！」

私が困惑し立ち上がると、後ろの男性はまた叫んだのです。

「ママ、私はあなたに立てと言ったのではありません。そこの席を替わった人に文句を言ったのですよ。座っていなさい」

私はどうしてよいのかわからず、そのまま再び、座ってしまいました。私の後ろでは、二人の男性が大声で言い争っていたのですが……。

最近、この話を思い出してタンザニアの友人に話したところ、皆が感激し、喜びました。独立意識を持ったタンザニア人の模範として、彼らは誇らしく感じているのかもしれません。

このような生活をしながら、一年目は月～金曜日までの週五日、二年目からは「土曜日にも各地のリーダーに洋裁を教えてほしい」と頼まれ、週六日、早朝に家を出てバスに乗り、ムナジモジャのバス停で降りて広場を横切り、遅刻しないように早足で公民館まで通ったのです。

大学の夜間コースで語学を習得

私は、夕方一度帰宅してから、スワヒリ語を学ぶために、再び市の中心にあるダルエスサラーム大学の分校まで通っていたのですが、そのときには本当に乗り物には困りました。朝と違い、バスが間引きされて来ないことも多々あり、開発省のオフィサーたちからは「危険だからヒッチハイクは絶対にしないように！」と言われていたのですが、タクシーも少ないし、バスが来ないとどうしようもなく、ヒッチハイクに頼らざるを得ませんでした。私が日本人のボランティアとわかっていたようで、ときどき、立派な乗用車がスーッと目の前で停まってくれました。ダルエスサラームの街は広いため、ある程度上級階級の人々の多くは自家用車を持っていたのです。

あるとき、イライラしながらバスを待っていると、目の前に車が停まり、中から紳士が「お乗りなさい」と声をかけてくれました。一瞬、躊躇《ちゅうちょ》したのですが、スワヒリ語のクラスを休みたくなかった私は「ありがとう」と後部座席に乗り込みました。すると、その人は笑いながら、「私は開発省のあなた方の上司ですよ。ヒッチハイクはダメだと言ったでしょう？」と言うではありませんか。あまりのことに驚き、慌てて跳び上がった私は「すみません」と平謝《ひらあやま》りするばかり。すると、「バスが来なくては大変なので、今日は仕方ない。クラスに間に合うように送りましょう」と送ってくださいました。上司のご親切に甘え、とても助かった出来事でした。

一方、バス通勤のメリットもありました。それは活きたスワヒリ語がふんだんに聞け、話すこともできる絶好のチャンス！　スワヒリ語の習得には最適な場だったのです。

英国の植民地時代、タンザニアでは英語がすべてで現地語のスワヒリ語は原住民の言葉として蔑視されていたので、外国人である私がスワヒリ語を話すと「タンザニア人を蔑視せず、尊重し、対等に扱ってくれる人」と喜ばれたわけです。植民地時代には、インド・パキスタン系の人々も皆、英語しか使わず――独立後、もちろん、家では彼らの言語のヒンディー語やウルドゥ語を話しておりましたが――スワヒリ語のできない彼らは非常に困り、私も通った大学の夜間コースにスワヒリ語を習いに来ていました。とにかく、私がスワヒリ語を話すと人々が喜んでくれ、私までうれしくなってしまうので、ますますスワヒリ語の習得に熱が入りました。

夜間コースで初級・中級クラスが無事終わると、その後は会話のクラス。先生はそのたび代わりました。会話を教えてくださったのは有名な大学の先生で、授業はとてもおもしろく、クラスは笑いが絶えませんでした。残念ながら、私以外の隊員は全員、最初のクラスの途中でやめてしまったので、クラスはタンザニア住民で植民地時代にスワヒリ語を学んでいなかったインド・パキスタン系の人たち、またはヨーロッパやアメリカから来たボランティアでした。先生は毎回、民話を朗読してくださったのでヒアリングの勉強になりました。また、残りの時間はテーマを決めて生徒全員が自由にディスカッションするというもので、たとえば「男子厨房《ちゅうぼう》に入るべからず。これについてあなた方の国ではどう対応していますか？」など、生活に密着したテーマが多く、興味深いものでした。

タンザニア人の先生は、「この国では決して男子は台所には入らず、料理もしない。イスラム系はとくに……。でも、最近ではキリスト教の信者たちが趣味で料理をしたり、後片づけをする人も増えてきたけれども……」などと話されていました。生徒たちがそれぞれの国の様子を話すので、質疑応答も和気あいあいとして、とても活気のあるクラスとなり、スワヒリ語だけでなく、いろいろな面で勉強になりました。

ヘビと出くわす！

ある朝、いつものとおり、バス停から公園を横切って公民館に急いでいました。すると診療所の前の空《あ》き地に大きな人垣《ひとがき》ができていて、その輪《わ》の中でなにやら行われているみたいでした。興味津々だった私は急いで教室に入り、生徒たちに「あの人垣は何なの？」と聞くと、「大蛇見物！」とのこと、私はナイロビのヘビ公園でしかヘビを見たことがなく、ましてや大蛇など目にしたことがなかったので、どうしても見たくなったのです。「ヘビが見たい」と呟《つぶや》くと、それを聞いた生徒はあきれた顔をしましたが、すぐに一人が、「私がついていきますから、行きましょう」と言ってくれたので、私はそのまま外に飛び出しました。人垣に近づくと、中にはもう一つの人垣があり、十歳くらいの女の子と男の子が鞭《むち》を持って周りを見回していました。私が「あの子たちは？」と聞くと、ヘビを見るためにはお金が必要なので、無料で見る人がないように見張っているとのこと。私はお金を持たずに飛び出したので、彼女がすぐに財布を出して、お金を手渡してくれました。

子どもにお金を渡して、中の人垣に入ると、いる、いる、いる……。大きな太いアフリカニシキヘビが！　でもかわいそうに下の砂地は太陽に照らされ、裸足《はだし》では歩けないほど熱くなっているのです。ヘビだってさぞ熱いことでしょう。大きなとぐろを巻いて頭を真ん中に、胴体の中に埋めるようにじっとして微動だにしないのです。頭をもたげた元気なヘビを想像していた私はがっかりするとともに、このヘビが哀《あわ》れになってしまい、すぐその場を引き揚《あ》げました。

どこでどう捕獲《ほかく》されたのか知りませんが、運の悪いヘビがかわいそうで、いまも心が痛みます。友人たちからは「街の公園に行けばヘビがいて、たまにはグリーン・スネーク

（猛毒のヘビ）だって見られるかもしれない」と言われていたのですが、サバンナでさえ一度もヘビに会いませんでした。日本から観光に行った友人たちの中には、このアフリカニシキヘビが大きなガゼルを口いっぱいに呑《の》み込んだところをカメラに収めた人もいるというのに。とにかく、街では動物はおろか、イヌやネコさえも飼《か》っている人をあまり見かけないのです。泥棒除《どろぼうよ》けに家の庭で番犬《ばんけん》を何頭も飼っている外国人はいるのですが。

だから子どもたちは外で散歩しているイヌを見ただけでも大声で叫び、怖さで泣いてしまうのです。サソリは一度だけ、教室で生徒の手提《てさ》げ袋に入っていたことがあり、皆で大騒ぎをしましたが、最近はナイロビ・フライと呼ばれるハエがいて、刺されると毒が強くて腫《は》れがひどく、痛いと聞きました。これはサバンナにたまにいて、私の友人はタンザニア南部の国立公園のテント・サファリで夜中に刺され、顔が腫れ上がって大変だったと聞きましたが、普段はほとんどいないようです。

洋裁・手芸の作品展示コンテストで最優秀に

私が赴任して二年目のこと。開発省からのお達しで、「サババサバ祭りの日に各公民館の洋裁教室の作品展示コンテストをする」という企画が舞い込みました。

市内に公民館はたくさんあったのですが、協力隊員のいない教室は不公平だということで、私たちが教える公民館三館の競争となりました。私たちは日ごろの教えの成果の見せどころ、頑張らなければと決心し、それからが大変！　各公民館のリーダーをはじめ、生徒である主婦たちも「私たちが優勝を！」と張り切って、洋服、手工芸品、サイザル糸製品、ビーズ作品、刺繍《ししゅう》、編み物（毛糸やレース）、テーブルクロスや小物の刺繍、レース編みなど、自分たちで分担して目の色変えて作品制作に取り組む熱心さに、私はびっくり仰天《ぎょうてん》したものでした。ときどき、ほかの公民館の洋裁教室の作品をスパイしてくる生徒もいましたが、自分たちの作品は極秘《ごくひ》のまま、コンテストの日まで一致団結して頑張りました。

ついにコンテストの当日。私は生徒たちと会場に急ぎました。展示場は開発省独自の展示館で、もちろん政府関係の各省の展示館もあり、さまざまな展示をしていたのですが、開発省の展示館は女性たちの作品で埋まり一段と華やかでした。そして、うれしいことに私の公民館グループが最優秀に選ばれたのです。一生懸命努力してきた生徒たちの喜びようといったら、それはそれは大変なもので、もちろん、私もそのうれしさを皆と分かち合ったのでした。

タンザニア国際見本市　サバサバ

さて、話は少し遡《さかのぼ》りますが、私がタンザニアに派遣された一九六七年の七月には、すでにアフリカ最大級の国際見本市、サバサバが首都ダルエスサラーム郊外の我が家の近くの国立競技場で開催されていました。サバサバとはスワヒリ語で「7・7」つまり七月七日のことで、この日が見本市の日と定められています。

この見本市は独立前の一九五四年、この国初めての政党であるTANU党（タンガニーカ・アフリカ民族同盟）が七月七日に結成されたことに由来します。そのころ、タンザニアのジュリウス・カンバラゲ・ニエレレ氏は、当時の英国植民地支配下で首相を務めており、TANU党結成メンバーの一人でした。そして独立後、ニエレレ氏が選挙により初代大統領となったことから、この見本市がTANU党結成記念日を祝って始められたのです。

当時のサバサバはいまほど規模が大きくはなく、大博覧会とは言えませんでしたが、国内産業や政府関係の各省庁の展示館はもちろんのこと、いろいろな国々が参加し、現在の国際見本市の前身だったのだと思います。日本の大阪万博《ばんぱく》が開催されるより前だったので、私にとっては初めて見る国際見本市でした。国際色豊かですばらしく、風にたなびくカラフルな万国旗や展示館・展示物、そしてなにより、そこを続々と訪れるカラフルな衣装をまとったアフリカ各国の老若男女、家族連れ、子どもたちまでたくさんの大盛装《だいせいそう》の人々の姿に私はすっかり目を奪《うば》われ、圧倒されたものでした。もちろん、食べ物を売るスタンドやコーヒー、ビールショップも立ち並び、中央では各民族のンゴマ（ダンス）もあり、そのにぎやかさが音とともにいまも脳裏《のうり》に蘇《よみがえ》ってきます。

初めてこの見本市を見に行った私は、「タンザニアは独立まもない途上国なのに、よくぞ、こんな立派な見本市ができるものだ」と感心するとともに、外国勢の展示館の中に日本の展示館がないのが残念で、「日本も参加できればよかったのに」と思ったものでした。

私たちがタンザニアに赴任したのは三月末。そしてサバサバは七月七日。やっとこの国に慣れたころに開催されたサバサバを友人たちと楽しく見学したわけですが、私はそのタンザニアの友人たちに、この日（七月七日）、日本では伝統の七夕《たなばた》まつりが行われること、天《あま》の川《がわ》を挟んだ二つの星、織姫《おりひめ》と彦星《ひこぼし》が年に一度会える日であり、各家の前に立てた笹竹《ささたけ》の葉に自分の願いごとを書いた短冊を吊《つ》るしてお祈りすることなどを説明しながら楽しみました。

EXPO'70 大阪万国博覧会

タンザニアは一九七〇年、つまり大阪万博（EXPO'70）の開催された年に、東京・世田谷区に駐日タンザニア大使館を開設しました。日本に大使館を開設したばかりで万博に参加したということは本当にすばらしいことで、その熱意に独立の意欲を感じました。

しかもそのパビリオン、タンザニアの展示館は〝自由と発展〟をテーマにしたもの。自国の設計でアフリカ村落の代表的な建築様式である円形家屋をかたどり、天然木材を茶色く塗った丸太《まるた》で造ったものですが、その木材はすべてアフリカ産の樹木で、総重量百八十トンを到着後すぐに組み立てられるようにダルエスサラームで加工して、日本に運んできたそうです。私も見に行き、感動しました。

木材に囲まれた展示館の中は「自然」「人間」「文化」「進歩」の四部門に分かれ、第一展示ホールではキリマンジャロを中心にセレンゲティやンゴロンゴロの観光地、また、象《ぞう》牙《げ》、ライオンやヒョウの毛皮、魚、鳥、貝殻《かいがら》、水槽には熱帯魚などが展示されました。第二展示ホールでは百七十五万年前（世界最古）のジンジャントロプス原人の頭骸骨《ずがいこつ》の模型や石器時代の壁面、古代ザンジバルやキルワ王国の繁栄と栄光、また、独立の完成、社会・経済の発展や民族の融和《ゆうわ》をアピール。第三展示ホールでは、ドラムが響く中、太鼓やマコンデの黒檀彫刻《こくたんちょうこく》、ティンガティンガ絵画や民芸品、さらにスワヒリ文学や近代絵画が紹介され、最後の第四展示ホールでは、近代的な飛行場やホテル、農業の近代化、青い宝石タンザナイトも展示されました。

こうして振り返ると、タンザニアの魅力のすべてを展示しており、いまさらながら見事な企画に基づいた立派な展示で、よくぞここまで網羅《もうら》して紹介できたものと感心します。このすばらしい展示を、もう一度見てみたいとの欲望にかられるほどです。

万博期間中、どの参加国も順番にナショナルデーがあり、一九七〇年六月十五日のタンザニア・ナショナルデーでは、私もいろいろな催し物を楽しみました。なかでも十個のドラムを並べて演奏する盲目のドラマーの演奏はすばらしく、ＥＸＰＯの広いお祭り広場の中央舞台でバチを使わず両手でたくさんの太鼓を叩《たた》き、その音色とリズムが広場いっぱい鳴り響き、盲目であることをすっかり忘れるような見事な演奏でした。続いて竹馬に乗ったまま踊る部族のダンス、民族楽器のリケンベやジャズバンドの演奏、たくさんの生きたヘビを操《あやつ》りながら踊るダンスなどがあり、大勢の日本人や外国人がこのお祭り広場に集まって、それまでなかったタンザニア・ナショナルデーの交流を楽しんだのです。

約五十年ぶりのサバサバに大感動！

実は四年前（二〇一五年）の七月、私は青年海外協力隊五十周年記念式典（二〇一六年十二月に実施）でスピーチするため、ＪＩＣＡの招待でタンザニアを訪れました。

ダルエスサラームに着くやいなやタイミングよく、ＪＩＣＡオフィスの方の親切なご案内でサババサバ見本市を見学するチャンスに恵まれたのです。

いろいろな日本企業の展示品がわかりやすい説明の下、展示されており、タンザニアの人々が興味深げに見ていました。するとその一角に〝納豆《なっとう》〟という字を見つけ、私は「えっ？　日本の納豆？」とびっくりしたのです。それは個人チームで参加した〝納豆男子〟というグループの展示で、タンザニア人たちが試食していました。早速、その人たちに感想を聞いてみたら、「美味《おい》しいよ、粘《ねば》りはうちの国にあるオクラと一緒だから気にならない。私の田舎《いなか》にも、似

48年ぶりに訪れたサバサバ会場の前で（2015年）

たような食べ物があるよ」と言われたので、またまた驚いてしまいました。正直言って、私はタンザニアにもこんな食べ物があるなんて、まったく知りませんでしたから。

私はすっかり興奮してしまいました。ずっと続いていたサバサバは、いまでは参加国も増え、一昨年（二〇一七年）には、なんと百カ国から食品、電化製品、文房具や農機具などの分野の企業一千社が参加し、二十二万人もの人々が足を運んだそうです。日本もついに七年前（二〇一二年）から参加するようになり、これは、ＪＥＴＲＯ《ジェトロ》（日本貿易振興機構）が国際見本市会場にジャパン・パビリオンを開設して以来のこと。電化製品、中古車、ＩＴ産業、アニメ、セキュリティー、プリンターなどの分野で、アフリカの人々にいろいろな日本の商品を展示し、目の前で紹介できることはよいチャンスだと思います。

また、国連の統計によれば、二〇三〇年にはアフリカ全体の人口が中国の人口を上回るとのことですから、人口増加＝経済成長と考えれば、貿易の増加も期待でき、日本が参加する価値は十分あると思うので、もっと多くの企業が参加してほしいと期待しています。

このときはあまり時間がなかったので、会場を存分に見て回ることはできなかったのですが、懐かしいサバサバ見本市を見られたことは大収穫でした。中国のパビリオンに昔懐かしい「バタフライ」印の足踏みミシンがあったのが印象的でした。

第2章 (Sura ya Pili)

タンザニアの女性たち

Akina mama wa Tanzania

弾ける笑顔がまぶしいタンザニアの女性たち。前列左から２人目がマレアレ夫人。
前列右から２人目が著者（1987年）

たくましい生徒たち

私の洋裁教室には朝早くからにぎやかな女性たちが大勢集まってきました。子だくさんの彼女たちは子どもを近所の家に預けたり、少し大きい子どもに妹や弟の世話を任《まか》せ、朝七時半からの授業に間に合うように家事を済ませてきて、その努力には頭が下がりました。

なかには赤ちゃんや一歳くらいの子を家から背負《せお》ってきて、教室に着くと床《ゆか》に降ろしたり、抱っこしたりして熱心にミシンをかけ、手作業もしていました。ときどき、子どもが大声で泣いたり、ケンカしたり、床におしっこをしてしまうこともありましたが、そんなときにも彼女たちは「すみません」と謝《あやま》りながら、部屋の隅《すみ》から掃除用のモップを持ってきてすばやく片づけてしまうのです。濡《ぬ》れたパンツをすぐに外の水道で洗い、中庭の植木に広げて干《ほ》すと、さすが熱帯の太陽、すぐに乾いてしまい、帰宅時には何事もなかったように帰っていきます。どんな苦労もものともせず、大好きなものづくりに励んでいたのです。子ども連れで洋裁教室に通《かよ》うなんて、当時の日本ではあり得ないと思いました。

なにしろ、女性の地位が低かったこの国で、堂々と教室に通ってくる人は恵まれているわけで、おしゃべりにも花が咲きます。いろいろな民族の人たちがこの教室で出会い、同族の人たちはうれしそうに民族語で話すわけですが、そばにいる人たちがすぐ、「ここはタンザニア。国語になったスワヒリ語で話してくださいよ。私たちの悪口を言われてもわからないでしょう」と注意するのには驚かされました。とにかく彼女たちは、それまで外に出て学ぶなど考えられないことだったので、うれしさいっぱいでした。

当時、この国の男尊女卑《だんそんじょひ》はひどく、一般家庭では〝女性は計算能力が劣《おと》る〟と、家計は全部男性が管理していました。主婦は朝、その日の料理に必要なお金を夫からもらって買い物をし、料理をするのが日課で、夕方、帰宅した夫は、妻に預けたお金の釣《つ》り銭《せん》をチェックし、渡したお金と内容が違うと怒られるというのが日常茶飯事と聞きました。そんな中で、自分の子どものために縫《ぬ》った子ども服をバザーに出し、夫に買ってもらいたいのに、「妻の作品はできが悪いから買わない」と言われたときの妻の失望と落胆《らくたん》は目に余るものがあり、気の毒で仕方がありませんでした。

私たちの洋裁教室は公民館の中なので、いつでも、だれでも見学することができます。ある男性が見に来たとき、生徒たちが私に「あの人は○○さんのだんなさんですよ」と教えてくれました。私は、なぜ夫たちが見学に来るのかわからなかったのですが、実は自分の妻が心配で、「本当に洋裁教室に参加しているのかどうか」「ほかの男性と浮気《うわき》などしていないだろうか」と気になって、確かめに来ていたと知り、びっくりしました。「自分たちはどんなにほかの女性と遊んでいてもよいくせに……」と思いましたが、まあ、男性の妻帯《さいたい》を四人まで認めるイスラムの文化においては、ごくあたり前のことなのでしょう。

アフリカ人の日焼け

洋裁教室では、元来陽気で楽しい女性たちが手以上に口も動かすので、いろいろな声が私の耳に入り、ときには「えっ？」と驚くような会話も飛び込んできます。たとえば、「あなた、ずいぶん黒く焼けたわね〜」との言葉にびっくりして声のするほうを眺《なが》めたのですが、私には色の黒さなどさっぱり判別できなかったのです。「アフリカ人は皆、色が黒い」と思っていたのは大間違いで、私が日焼けした程度の色の人から茶色の人、コーヒー色の人と、それぞれ違う黒さなのですが、彼女たちはそうした色の違いをちゃんと識《しき》別《べつ》していたのです。

「黒く焼けた」と言われた女性が、「そうなの。ちょっとサファリに行ったのよ」と言うのを聞いてまたびっくり！　私は「え？　サファリ？　昨日、彼女はちゃんと出席していたのに」と思ったのですが、サファリというのは、日本人が知るサバンナのサファリ旅行だけでなく、ちょっと近くに出かける場合にも使う言葉だったのです。

それにしても「白人は私たちのことを黒人というけれど、失礼よ。私たちの色は黒ではなく茶色やコーヒー色なのに」という彼女たちの言い分も〝言われてみればたしかにそのとおり〟と、私は妙《みょう》に納得したものでした。

ハワ・ムクワワとの出会い

私は最初、スワヒリ語ができなかったので、同じママ・マエンデレオで公民館専属の年配の女性が私のクラスの助手を務めてくださいました。半年くらい過ぎてから、彼女のほかに若いママ・マエンデレオ、ハワ・ムクワワが私のクラスに配属され、一緒に仕事を手伝ってくれることになりました。最初はあまり気にしていなかったのですが、途中から周りの人たちの彼女への扱いがちょっと違うと感じたので生徒に聞いてみると、彼女は有名なイリンガ地方（国のほぼ中央より南側）に住むへへ族酋長《しゅうちょう》の直系子孫ということがわかり、うれしくなりました。なぜなら、私はこのへへ族酋長の生き方に感動していたからです。

一八五五年、ムクワワ（Mkwavinyikano の略＝多くの地を征服した者という意味）は強い部族、へへ族酋長の子としてこの世に生を受けました。白人たちの侵攻《しんこう》によってタンザニアがドイツ領東アフリカ植民地となったころ、それに反抗したのですが、一八九一年、ツェレウスキ植民地長官は三百二十人でへへ族を攻めようと計画。和平を望んだムクワワが使者を派遣したにもかかわらず、使者が射殺《しゃさつ》されたことから、ムクワワは三千人の部隊（といっても武器は槍《やり》とわずかな銃《じゅう》だけ）でドイツ軍を待ち伏《ぶ》せ攻撃しました。

一方、ドイツ軍は大軍で銃撃したため、部下と脱出したムクワワは隠れ家《が》で見つかり、「敵に逮捕されるよりはマシ」と自ら命を絶《た》ったのでした。私は「敵に殺されるよりは自《じ》害《がい》」という行為は日本人独特の考え方かと思っていたので、外国人であるタンザニアの人がこういう考えを持っていたことは意外で、なんとなく親しみを覚えていたのです。

その後、ドイツ軍はムクワワの首を切断して頭蓋骨《ずがいこつ》をドイツに持ち帰り、最後はブレーメン博物館に展示。第一次世界大戦後、英国の返還要請に応じませんでしたが、第二次世界大戦後、一九一九年のベルサイユ条約に基づいて二千個の頭蓋骨の中から頭に銃《じゅう》痕《こん》のあるものをムクワワの頭蓋骨と断定。ようやく一九五三年にタンザニアに返還され、一九五四年には、地元イリンガのカレンガ博物館に展示されました。このような特別な歴史を持つ立派な酋長ムクワワに私はとても惹《ひ》かれ、そのムクワワ家の娘さんとご一緒に仕事ができたことを幸せに思いました。

ヒヤリとした思い出

ある日、ふらりと一人の男性が見学に来て、生徒たちにいろいろ声をかけていました。すると生徒の一人が私のそばに来てささやいたのです。

「ママ・ウノ、彼はCIA（中央情報局）なので、返事には気をつけなさいね。批判めいたことを言うと危ないことになりますよ」

私は日本という言論の自由な国で暮らしていたので、驚きとともに恐怖心さえ抱《いだ》きました。やはり、外国ではクーデターなどが起こらないように神経を尖《とが》らせているのでしょう。生徒たちの忠告に耳を傾《かたむ》け、以後、私は発言に気をつけるようになりました。

もう一つ、忘れられない恐怖の体験があります。男性隊員にはオートバイが与えられましたが、私たち女性隊員は自転車だったので、ある日曜日、近くに住む造園隊員がオートバイに乗って遊びに来たとき、「私も乗ってみたい！」とお願いしました。私が運転し、後ろに男性隊員を乗せて出発。我が家から前方に続く人通りの少ない赤土の細い道を走っているうちにうれしくなって、どんどんスピードを上げて進みました。やがて、あまり人家のない林へと入り、気分爽快《そうかい》で走り続けていたところ、突然、迷彩服《めいさいふく》を着た七、八人の軍人が銃を構えて「止まれ！」と叫《さけ》び、私たちを取り囲んだのです。これにはびっくり仰《ぎょう》天《てん》！「発砲《はっぽう》されたらどうしよう？」と思いながらオートバイを止めると、眼光鋭《がんこうするど》い軍人が銃を構えたまま、私たちをぐるっと取り囲み、尋問《じんもん》が始まりました。「どうしてこの道を走っているのか」「お前たちは何者か」「目的は何か」といろいろ聞かれ、驚きよりも恐怖でいっぱいになりました。

「私はオートバイに乗りたかったので、ただ家の前の道を突《つ》っ走ってきた」と答えると、「ゲートがあるのに見なかったのか」と言われましたが、私は運転するのに精いっぱいで、そんな門には気づかなかったのです。

「自分たちは日本から来ている協力隊員だ」と説明しても信用してくれず、緊迫《きんぱく》した尋問が続きました。「あー、どうしよう？　とうとう刑務所送りか」と怖くなり、顔面蒼白《がんめんそうはく》。オロオロしながら尋問に答えているうちに、ようやく軍人たちは私たちが怪《あや》しい者ではないと納得したらしく、「もう、いい」と言われました。私たちは、逃げるが勝ちとばかり、猛スピードで家に戻ったのです。

後でわかったことですが、当時、タンザニアは近隣諸国の独立のためにいろいろ援助をしており、タンザニア国内に解放地区を提供し、オートバイで取り囲まれたあの地域はモザンビークの地下運動のための基地でした。一九六四年、ポルトガルに敵対して始まったモザンビークのFRELIMO（モザンビーク解放戦線）の独立戦争への支援を始め、ダルエスサラームの中心部にもFRELIMOのオフィスがあったことを記憶しています。キャンプの中は機密事項も多く、さぞ大変だったのでしょう。そこへわけのわからない日本人男女が勝手にオートバイで乗り込んだのですから、銃を構えて警戒したのも無理がないことと思いました。そんなところに秘密基地があるなんて、まったく私たちは知らなかったのですから、仕方ありません。

タンザニアはFRELIMOのほかにも、白人支配を続ける南アフリカ共和国やローデシアの反政府勢力、そしてSWAPO（ナミビア南西アフリカ人民機構）やZANU（ジンバブエのアフリカ人民族同盟）などを支援していたのでした。

タンザニア連合婦人会（UWT）

私の洋裁教室はダルエスサラーム市の中心にある公民館にあり、中庭を挟《はさ》んで対面にはタンザニア連合婦人会（UWT）ダルエスサラーム支部のオフィスがありました。

タンザニア連合婦人会はTANU党結成の翌年（一九五五年）に婦人部が開設され、

一九五九年にUWTとして独立しました。国内に二百以上の支部があったそうです。目的はタンザニア全土の女性の結合、女性の地位向上（経済、教育、健康、福祉その他）、TANU党の存続と国家の統一、TANU党の方針に基づく国家開発に進んで参加し、労働組合や政治政策を共にする外国婦人団体との交流を推進することを目的としていました。

当時、活動費用は国家予算、寄付金、ダンスパーティーなどの収入のほか、基金募集により賄《まかな》われていました。政治色の強いこの会は、会長の下に中央、県、市町村の組織、そしてこの国特有の政治形態と思われるニュンバ・クミ（国家統合政策としてすべての地域に作られた十軒一組の隣組）があり、トップダウンで各組まであらゆる連絡が行き届くという縦の組織網を完備しており、私はすっかり感心したのです。

現在は女性の地位も向上してきたので、残念ながらUWT活動はかなり下火になっているそうですが、当時、ダルエスサラーム支部ではいろいろな活動をしていました。

支部長をしていたヌシク夫人は明るく楽しい人で、毎日顔を合わせているうちにすっかり親しい友人になり、勤務時間が終わると大声で「ウノサーン」と呼びに来て、それから彼女の行くところ、する仕事、すべての場所に誘《さそ》ってくださり、タンザニアの人々の生活を隠《かく》さず教えてくれたのです。UWTの集会では、会長のカワワ副大統領夫人やニエレレ大統領夫人にもよくお会いし、挨拶《あいさつ》を交《か》わしていました。

女性たちの集い、親戚や友人たちの訪問のほか、週末にはダルエスサラームの対岸の知人の家の前のインド洋にも泳ぎに行きました。サンゴ礁《しょう》では時間ごとに海の色がブルー、スカイブルー、トルコブルー、グリーンと変化し、本当に楽しいひとときでした。

土曜日の夜はＵＷＴ主催のダンスパーティーにも連れて行ってくださり、そこには有名な政治家や実業家も集っていて、踊る、踊る！　夜も暑いので、身体をあまり動かさずに足と腰でバランスをとる静かな社交ダンスが多かったように思い

UWT ダルエスサラーム支部のヌシク支部長と

ます。

UWT経営の食堂を見学に行った際には、女性たちが交代で料理や会計係をし、大鍋でピラフやココナッツミルクを入れたご飯を炊き、シチューや鶏肉の唐揚げ、野菜煮を作り、大皿に盛りつけて出していました。しかし、組織的に働くことに慣れていない女性たちは、計算に弱く、注文とお金の計算が合わず赤字で倒産してしまうところも多々あったとか……。経営は大変だったと思います。当時、女性の就職は難しく、UWTの会員証や推薦状を用意するなど努力していたようでしたが、産業も少なく、速記やタイピスト、電話交換手といった資格や専門知識のない人にとって仕事に就くことは至難《しなん》の業《わざ》でした。男性でさえ就職難のこの国で、女性が社会進出することはとても難しかったのです。

私の洋裁教室に来ていた生徒たちに夫の仕事を尋ねると、誇らしげに胸を張って「ハウス・ボーイ（家のお手伝いさん）です」と答えました。職業に貴賤《きせん》はありませんが、この国ではハウス・ボーイでも就職先があれば幸せだったのです。

ちょうど私が隊員として行った一九六七年は、二年に一度のUWT会長選挙の年で、九月には、私の仕事場であるアナトグロ・コミュニティ・センターのホールに各地から二名ずつの代表が集ってUWT全国大会が開催され、光栄にも、私も大会に招待されました。

当日、ニエレレ大統領が開会宣言をするということで、会場にはカラフルなナショナルドレスで身を包み、頭にターバンを巻き上げ盛装《せいそう》した女性たちが続々と集まってきました。大統領は「国民の半分は女性なので、いかに女性の力が国の発展に必要か。そのために女性代表者たちの一致団結がいかに大切か」という熱のこもった演説をされ、私も会場の熱気に圧倒され、この国の早い発展を期待したのです。

選挙が行われたのはその二日後。この日の夜にはステートハウス（大統領府）の庭で会長就任を祝う大園遊会が開かれました。私もタンザニアの紋章《もんしょう》入りの封筒で正式な招待状をいただいたので、期待に心を弾《はず》ませ、おしゃれして出かけました。新会長にはカワワ副大統領夫人が選ばれたとヌシク夫人が教えてくれました。カワワ副大統領夫人は小柄で、気張らず威張らず、ざっくばらんで親しみやすく、笑顔を絶やさない女性で、皆からの人気も抜群でした。ガーデンライトで青白く輝く芝の合間にハイビスカスの花々が浮き出され、色とりどりの民族服が美しく、顔見知りの人も多かったので、たった一人の日本人の私にもいろいろ話しかけてくださり、楽しいひとときとなりました。そのうち、にぎやかな太鼓の音とともに民族ダンスが始まり、宴《えん》たけなわ。いまでもあの華やかなガーデンパーティーの様子が思い出されます。

ＵＷＴ会長として女性の地位向上に全力を尽くしたカワワ夫人については、いろいろなエピソードがあります。

あるとき、ザンジバル島で行われた女性の集会で、「男性が四人の妻を持つのは女性救済とはいえ、女性の地位を低くする好ましくない習慣だ」との大演説をしたのです。ザンジバル島の人々はほとんどがイスラム教徒ですから、男性側から「憲法は変えることができるけれど、イスラムの教えは変えることはできない」と猛反撃を浴びました。たしかに宗教上のことは私たちには何も言うことはできないのですが……。

ママ・マエンデレオの一人で、いつも夫が自家用車で送ってくる女性がいたのですが、ある朝、入口でお会いすると彼女の後ろにもう一人若い女性が乗っていました。すると、生徒がこっそり私に言いつけました。

「あの若い女性は第二夫人で、だんなさんから〝この女性を第二夫人にするのであなたの許可を〟と言われ、卒倒《そっとう》してしまったそうです」

イスラムでは、第一夫人の許可がないと結婚はできないものの、四人までが正式な妻と認められるので、第一夫人にしてみれば、やはりつらいことに違いありません。昔は同じ家に妻二人が同居していましたが、最近は、二人別々の家です。

ありし日のカワワ副大統領夫人・UWT 会長と

生徒の一人が「夫が女性を連れて帰宅し、泣く泣くベッドをその女性に譲《ゆず》った」と話すので、私は「譲らなければいいのに」と言うと、「私たちの宗教のルールでは、夫に〝離婚する、離婚する、離婚する〟と三度言われたら本当に離婚されるのです」と言うので、私は返す言葉もありませんでした。でも財産管理はきちんとしていて、妻が持参したものはすべて妻のもの。そのほかにも、すべての所有権はだれのものかが明確になっているとのこと。「日本のように愛人という影の立場でいるよりは、第二夫人、第三夫人という正式な立場があるだけ、いいのでは？」とも言われ、複雑な気持ちになりました。

カワワ夫人とはご縁があって、その後、何年も経《た》ってから友人と二人でタンザニアを訪れたとき、行きの飛行機で若い二人のタンザニア女性と一緒になり、話してみるとカワワ夫人のお嬢さんだということがわかりました。ダルエスサラームに着くと、わざわざカワワ夫人がご自宅に招待してくださり、お庭の美しい大邸宅で、ご親戚の方々と一緒に大歓迎してくださり、昔話に花が咲きました。

さて、私の親友であるヌシク夫人についても、ちょっと驚いたエピソードがあります。

ある日、いつものように仕事が終わり、彼女のオフィスに行くと、助手の女性と彼女は深刻な顔をして話していました。「いったい、どうしたのですか?」と尋ねると、彼女は「いますぐ一緒に私の家に行ってください。洋服が必要なので」と言うのです。私が怪訝《けげん》な顔をすると、「私が毎日外へ出ているので、夫が怒って私のいろいろな洋服をハサミで切ってしまったのです。外に行かれないように……」と言うではありませんか!

支部長としてあちこち動き回り、女性のために頑張っている彼女の行動力と仕事ぶり、そして聡明《そうめい》さを見ていた私は、彼女は本当に優秀な女性だと尊敬していましたし、いつも明るく、楽しく、笑顔だったので、まさか夫が彼女の仕事に反対しているなどとは、夢にも思っていませんでした。しかも、彼女の夫は、私の所属する〝女性の地位向上に力を入れる〟開発省の上役だったのですから! 驚く私に、助手の女性もこう言いました。

「私だってよく夫に殴《なぐ》られ、顔が腫《は》れてしまうのですが、皆には転んだと言っています。ママ・ウノ、これがタンザニア女性の現状です」

私はますます驚いてしまいました。

でも、自立した女性たちもたくさんおりました。私の友人やママ・マエンデレオの中には、自分で自家用車を運転し、クリーニング店の前に停めると、隣に乗せた夫に「あなた、洗濯物を受け取ってきてくださいね」という具合に夫をこき使う女性もいました。同乗していた私は、つい彼の顔を見てしまいましたが、イヤな顔もせず、妻に言われるままお店に入って洋服を受け取ってくる様子にいささかびっくりしたことがありました。

ちなみにタンザニアの女性の家庭教育について当時よく耳にしたのは、女の子に対する家庭教育は昔から厳しく、「何が何でも十歳までに料理、掃除、洗濯、子守りができないとお嫁に行けない」ということでした。昔は子だくさんが多かったので、裏町では幼《おさな》い女の子が自分と同じくらいの弟や妹を脇に抱きかかえて遊んでいる姿をよく見かけました。

また、主食のウガリ（トウモロコシの粉を熱湯で練《ね》ったもの）を上手《じょうず》に作ることも重要でした。なぜならウガリをうまく作るのは難しいのです。そのうえ、「夫には淑《しと》やかに仕《つか》えるように」と教育されていたと聞いて、私は「これでは日本の女の子はだれもお嫁に行けないのでは？」と考えてしまいました。毎日、勉強や塾や受験に追われ、料理どころか家事の手伝いさえ疎《おろそ》かにしている日本の女の子と比べると、なんたる違いと驚かされました。

かつて、「日本女性は優雅で優《やさ》しく美しく、なでしこの花のようだ」と外国人から褒《ほ》められたことが頭に浮かびましたが、アフリカ人の家庭に招待されると、「いまやアフリカ人の上流家庭の女の子たちのほうが日本の女の子よりずっとエレガントで礼儀正しく、淑やかなのでは？」と思ってしまいました。とにかく、昔はアフリカの国々では女の子の家庭教育が非常に厳しかったのですが、その一方で、学校教育はまったく必要ないと軽視されていたのです。

男尊女卑だった植民地時代には、女性が学校で学ぶことはなく、「女に学問などは要《い》らない」「女の役目は家事や子育て、そして畑仕事をするだけで十分」と言われていました。そのうえ、宗教まで絡《から》み、イスラム教徒の女性たちは、食事は男女別席、外出もままならず、黒いブイブイを頭から被《かぶ》り、髪の毛や素肌を人目にさらさないようにという生活を強《し》いられるなど、女性の地位は低かったのです。でも、現在では成績さえよければ女性も大学に進学できるし、職場では男性と対等、大臣や管理職も多く、結婚も自由恋愛が増えており、皆、明るく楽しそうに生活しています。そのうえ、皆温かく、思いやりのある人たちが多いので、助け合いの精神がますます強調されるのだと思います。

私がタンザニアの女性たちの行動でとくに感銘を受けたのは、自分だけの生活向上ではなく、周囲の女性たち——自活できない、または夫に仕えるだけの女性たち——の生活や地位の向上を常に考えているという事実です。低水準の生活をしている女性の地位向上を考えるというのはすばらしく、私たち日本人にはなかなかできないことですが、考えてみると、貧富の差のあるタンザニアとは違い、日本人は皆、中流意識が強いので、周囲の女性のことなどあまり考える必要がないのかもしれません。いや、その逆で、情けないことですが、「自分が他人よりもよい生活を」「よい地位を」との競争意識に執着《しゅうちゃく》し、他人を見下してしまう日本人が多いのかもしれません。

とにかく、最近のタンザニア女性の地位は非常に向上しました。これは、政府の努力もさることながら、ひとえにタンザニアの上級のクラスの女性たちの地道な努力があってこそ、実現したのではないかと思います。大臣や女性大使をはじめ、女性実業家、上級官吏《かんり》も多く、私の知る限り、いまや友人たちの夫は妻の仕事に理解がある立派な方が多く、大学院への留学や通信制で妻が学位を取ることにも賛成、むしろ協力的な方が多いのです。

昔、私が教えていた洋裁教室の主婦たちが、政府に選ばれて一週間とか一カ月間も家を空け、農業研修などのために地方に泊まり込みで行き、なかには、赤ちゃんがいるのに海外留学をした若い女性もいて、「家族がよく許したものだ」と感心したものですが、それだけタンザニア社会での女性の地位が向上したということなのでしょう。これは、男性の女性に対する意識が変わってきたということだと思います。日本と違い、男女の差がないことはすばらしく、最近のタンザニア女性たちの立派さと強さには驚くばかりです。夫を立派に支えながら、自分の職場の仕事以外にもいろいろなグループや団体の仕事やボランティアをし、会社の経営者になっている女性も多数いるのです。

援助の難しさを痛感

ＵＷＴにはまた別な思い出があります。

国際連合は一九七五年、女性の地位向上のため世界各国の代表を集め、第一回世界女性会議をメキシコで開催。十年間を国際婦人年と決定し、各国・各機関・各団体に目標達成のため行動を呼びかけました。第二回は一九八〇年にデンマークのコペンハーゲンで、第三回は一九八五年、国連婦人年十年の総まとめとしてケニアのナイロビで開催されたのです。そのとき、日本から参加した文部省（当時）関係の婦人会代表グループは、会議終了後にタンザニアの婦人会を訪問するとのことで、私は事前に埼玉の国立女性教育会館でタンザニアについてさまざまなことをお話ししました。

三週間後、そのグループの方々は喜んで日本に帰国され、駐日タンザニア大使から「UWTからの要望で、地方からダルエスサラームに出てくる若い女性のための宿舎、ママ・ニエレレ・ホステルの修理をしてほしい」と頼まれたことを私に報告しました。そして、グループの方々は「一枚五〇〇円のテレホンカードを八〇〇円で売り、三〇〇円分は寄付」という手段を考えたのです。

私も協力を依頼されたのですが、ちょうどそのころ、夫が闘病中でしたので積極的に協力することができませんでした。まもなく夫が他界し、私は悪戦苦闘している彼女たちを手伝うことになりましたが、日本人の寄付に関する無関心（というより、寄付をすることなどまったく考えられないという態度）に私はとてもがっかりしたのです。お金に余裕のある人々でさえ、「家には固定電話があるから、テレホンカードなんかいらない」とか、一度購入した方は「この前一枚買ったから」という始末でした。

その後、幸いにも円高になり、テレホンカードのほうはやっと目標金額に達したので、翌一九八六年、グループの代表者の二人と一緒に、私はタンザニアまで寄付金を届けに行きました。もちろん、私たちはすべて自費《じひ》で行ったのですが、ダルエスサラームに着くとUWTの代表者たちが空港で熱烈歓迎。早速、援助の必要なママ・ニエレレ・ホステルを見学しました。でも、私たちの少ない寄付金でできるのは屋根の修理とトイレの新築くらいで、壊れていた窓ガラスまでは無理と言われ、がっかりしました。

その後、UWTの役員がザンジバルからアルーシャ、モシとあちこちの支部を案内してくださり、その活発な活動に感激しました。レセプションでは、すでに引退なさっていたカワワ夫人とも再会でき、うれしかったです。

一九八七年、建物が完成。私は引き渡し式に参加するため、またまた自費でタンザニアに行き、やっと肩の荷が下りたのですが、驚いたことに、私たちの援助が決まった後、ある外国の女性たちが建物全体の改築援助を申し出て即刻《そっこく》改築。私たちが行ったときには、すでにタンザニアの女性弁護士が常駐《じょうちゅう》し、困った女性たちの相談に乗るという立派な相談室まで完成していたのです。「日本はお金がある国なのに、女性のためのこういう援助はしてくれないのか」と言われ、ちょっと恥ずかしい思いがしました。

女性たちの活躍と地位向上

モンゲラ夫人とダルエスサラームのお宅で喜びの再会（1995年）

さて、国連の第四回世界女性会議は一九九五年、北京《ペキン》で開催されました。女性の性の権利《セクシュアル・ライツ》が重要な論点となったこの北京会議の事務局長はタンザニアのガートルード・モンゲラ夫人でした。さまざまな大臣を歴任された後、二〇〇四年にアフリカ連合（AU）の全アフリカ議会（Pan-African Parliament）の初代議長に選出されたすばらしい女性です。

北京会議の前に来日されたモンゲラ夫人は、各地でテキパキとお仕事や講演をなさっていました。彼女に会うといつも、「ママ・ウノ、日本の女性は変わりましたか？　これだけ大学卒の立派な女性がいるにもかかわらず、日本女性は政治や社会、福祉などへの関心が低く、職場での地位が低いのはどうしてなのでしょう？　女性の面では私たちの国より後進国ですね」と指摘されてしまいます。たしかに外国に比べると日本の女性は毎日の生活に満足しすぎているのか、社会参加や社会への貢献度は少ないようですが、外国の女性がそんなふうに思っていることに気づいていないのかもしれません。

　また、タンザニアには古くからタンザニア・メディア女性協会（ＴＡＭＷＡ）があり、女性の地位向上に努力しています。最近の活動としては、農村地帯から都会にリクルートされた女の子が不当に過酷《かこく》な労働を強いられるのを防《ふせ》ぐため、ラジオを通《つう》じて呼びかけたり、パンフレットやマンガ入り小冊子《しょうさっし》を制作するな

女性の地位向上のため積極的に活動するTAMWA（タンザニア・メディア女性協会）

どして、村単位で親や地域リーダーをとおして、現状を知らせる活動やキャンペーンを展開。これらの問題に取り組んで女性を守っているのです。

また、タンザニアには、日本には存在しない「女性のための銀行」があります。

私は一昨年（二〇一七年）、縁あって、ダルエスサラームの中心街にあったこの銀行を見学する機会に恵まれました。落ち着いた雰囲気の中、行員《こういん》はすべて女性で立派に運営しており、皆が明るく楽しそうに仕事をしていた姿が印象的でした。女性の地位向上を目的とするこの銀行は、すべての女性に便宜《べんぎ》を図《はか》るとのすばらしい理念に基づいて貸し付けを行うほか、通常業務は一般の銀行と同様に行うというもので、さすがタンザニアの女性は進んでいると思い知らされました。このほかにも、女性の運営する銀行があるのです。日本には銀行がたくさんあるので、女性だけの銀行は必要ないかもしれませんが、私はこのとき、バングラデシュで一九八三年にムハマド・ユヌス氏が創設したグラミン銀行を思い出しました。ムハマド・ユヌスとグラミン銀行が二〇〇六年にノーベル平和賞を受賞されたことは、皆さまもご記憶に新しいのではないかと思います。

とにかく、アフリカの教養ある女性は意志が強く、判断を間違わず、実行力があり、すばらしいと思います。ノーベル賞受賞者も多く、ケニアのワンガリ・マータイ博士

（二〇〇四年）のほか、リベリアのエレン・ジョンソン・サーリーフ大統領と女性平和活動家のリーマ・ボウイ夫人（二〇一一年）などがおられます。リベリアでは、イスラム教徒とキリスト教徒の女性が手を組むという、普通はあり得ない連帯によって独裁《どくさい》政治をつぶし、女性大統領を選出し、女性の力で新しい国をつくりました。国や世間からどんな反対や弾圧《だんあつ》があっても、投獄《とうごく》されても、自分たちの意志を曲げず、ほかの女性たちと協力して初志《しょし》貫徹《かんてつ》し、社会のために尽《つ》くす。これはなかなかできないことで、私たちも見習わなければならないと思います。

日本女性は（男性もそうかもしれませんが）、往々にして自分の意見を言わず、他人の（とくに権力者や自分より上の人々の）明らかに正しくないと思われる意見や権力にも反対せず、「ことなかれ主義」を通しがちです。それでは、住みよい社会はでき上がらないと思います。おとなしいだけではダメだと、アフリカ女性から学ばされることは非常に多いと思います。

第3章　(Sura ya Tatu)

スワヒリ語とともに

Pamoja na Lugha ya Kiswahili

NHK「ラジオジャパン」のスタジオで

スワヒリ語の魅力

私が初めてスワヒリ語という言葉に出合ったのは、かれこれ半世紀前に遡《さかのぼ》ります（第1章で詳述）。青年海外協力隊に応募し、タンザニアへの派遣が決まったときのこと、それまではスワヒリ語なんて私には全然関係のない言葉でした。

最近はアフリカに対する関心が少しは高まってきて、「ジャンボ」とか「サファリ」というスワヒリ語もあちこちで聞かれるようになりましたが、当時は東アフリカにあるこの国について知る人もなく、ましてやそこで話されている言語を知る人などほぼ皆無《かいむ》でした。

大阪外国語大学や東京外国語大学でさえも、スワヒリ語を教えていなかったのです。そんなわけで当時、日本でスワヒリ語を独学しようと思っても、日本語で書かれた辞書どころか文法書もなく、手に入るスワヒリ語の本といえば、東アフリカ植民地の宗主国《そうしゅこく》であった英国やドイツから取り寄せた英語・ドイツ語版のスワヒリ語の文法書や辞書だけでした。

ちょうど私たち協力隊の出発はタンザニア政府からのキャンセルで三カ月延《の》びましたので、私にとってはこのときがスワヒリ語を学習するための最適の時間でした。

協力隊訓練所では英語の授業がメインで、スワヒリ語はNHK海外放送のスワヒリ語番組担当の関口先生から簡単な基礎と挨拶《あいさつ》を少し学んだだけでしたが、一九三五年に開始されたNHKの国際放送（短波放送）では、すでに一九六四年（最初の東京オリンピックの年）には、東アフリカ向けの「ラジオジャパン」（現・NHKワールド・ラジオ日本）スワヒリ語放送が行われていました。つまり、私がタンザニアに派遣される三年前にはすでにスワヒリ語放送は東アフリカ向けに発信されていたのです。「さすがNHK！」と感服《かんぷく》したものです。ですからまさか後年、私がNHK「ラジオジャパン」で放送に携《たずさ》わり、スワヒリ語の文法書や辞書二冊（スワヒリ語→日本語、日本語→スワヒリ語）、さらに絵本まで出版することになるとは予想だにしなかったことでした。

大学で教える教科書用にと文法書を書いた後、出版社から「文法書があるなら辞書は不可欠」と再三《さいさん》、勧められ、辞書作りに着手したまではよかったのですが、仕事をしながら辞書を作るのは大変な仕事で、毎日、毎日、夜中の三時、四時までの作業が続きました。疲れてイヤになり、途中で放《ほう》り出しそうになったのですが、「いつできますか？」「いつ終わりますか？」との矢のような催促《さいそく》に根負《こんま》けし、やっと完成させることができました。

この辞書の一冊は日本で初めてのスワヒリ語の辞書ということで一躍有名になり、各新聞社がそれぞれ記事にしてくださいました。いまだに東アフリカに行く人の多くが活用してくださっているようで、ボロボロに使い古した辞書を見せてくださり、「本当にこの辞書で助かっています」などと聞くたびに、「私の苦労はムダではなかった」と感じています。

スワヒリ語の本を出版

文法書や辞書のほか、私は百ページほどの本をスワヒリ語で執筆し、タンザニアで発刊したことがあります。ＮＨＫに招聘《しょうへい》されたタンザニアのアナウンサーが、私に会うたびに、何度も熱心に勧めてくださったのです。

「あなたのように青年海外協力隊としてタンザニアでの生活を経験し、皆との交流を深め、その後も現在までずっとタンザニアとの交流が続いている人はめずらしい。現代のタンザニアの若者でさえ、五十年前のタンザニアのことは知らないのだから、日本との交流ばかりでなく、タンザニアの歴史と発展を知るうえでも、あなたが本を書くのはよいことです」

当初、私は本を書くように勧められてもなかなか気が進まず、「自分の自慢話をするみたいだからダメ！」と頑《かたく》なに断っていたのですが、アナウンサーの粘《ねば》りに根負けし、彼が帰国する直前、ついにスワヒリ語で原稿を書き上げ、掲載する写真を選んで渡しました。

ところが、それからが大変。ドドマの出版社とはメールのやりとりで校正作業を進めたのですが、間違いを修正して送ると、そこは正しく直っていても、なぜか別の箇所の単語がくっついていたり、スペルが違っていたり、何回修正して送り返したことか……。おかげで私は毎回、百ページをくまなく読んでチェックしなくてはならず、疲れ果ててクレームをつけたら、「うちの国はすべてが遅いことは知っているでしょう。それがイヤなら日本でもどこでもいいから、よそで印刷すればいい！」と言うのです。

私も怒《いか》り心頭《しんとう》で「バカにしないでよ！」とメールでケンカ状態になり、断交《だんこう》すること一カ月以上。しかし、私は「表紙の印刷までできているのに、ここで諦《あきら》めるのはもったいない」と思い直し、メールをしたところ、先方も謝罪して作業が再開。それでも作業はトラブル続きで埒《らち》があかず、ほとほと困っていたところ、友人のDr.マレコがダルエスサラームの別の印刷所に交渉してくださったのです。こうして不毛なやりとりが延々と繰り返された結果、完成まで二年もかかってしまいましたが、なんとか形にできました。

スワヒリ語で出版した著書

Dr.マレコのご紹介で、タンザニア国立スワヒリ語審議会の委員にもお会いでき、その後、この審議会から、「日本でスワヒリ語を伝播《でんぱ》し、いろいろな面で貢献していることは称賛《しょうさん》に値《あたい》し、感謝する。おめでとう」との立派な表彰状が届きました。

また、タンザニアの新聞に一ページにわたって私のことを紹介する記事を載せてくださったので、友人たちからもメールや手紙が届きました。「ラジオジャパン」の記念番組に出演したときもそうでしたが、ラジオを聞いたり、新聞を読んだりしてタンザニアから反響があるのは、本当にうれしいことです。出版までいろいろあったけれど、結論として「出版できてよかった」と、私は心から感謝した次第です。

国語となったスワヒリ語

さて、KISWAHILI（スワヒリ語）の語源は〝SAWAHIL〟つまり、アラビア語で海岸を意味します。その起源を遡りますと、最初はケニア南東部タナ川沿いの住人の間で話されていたバントゥー系の言葉でしたが、住民グループの変化によって地方別に少しずつ話し方が変わり、Kiunguja（ザンジバル本島）、Kipemba（ペンバ島）、Kimafia（マフィア島）、Kibajuni、Kingazija、Kimvita などの方言に分かれました。

そして十世紀ごろになると、アラブ人が金銀、象牙《ぞうげ》、毛皮などの品物のほか、あの忌《い》まわしい奴隷売買《どれいばいばい》のため、貿易風とともにアラビア半島から帆船《はんせん》に乗ってやってきたことにより、アラビア語も含めていろいろな方言が入り交《ま》じりました。こうしてでき上がった言葉をまとめて〝スワヒリ〟（海岸地帯に住む人々の言葉）と名づけたそうです。

それ以来、スワヒリ語の単語数は増え続け、部族語が多い東アフリカ一帯で急速に広まったのです。つまり、アラブ人が商売用語として内陸でもこの言葉を使ったことで海岸地帯と内陸の人々に伝播し、大いに普及したのです。当時、いろいろな長文の叙事詩《じょじし》がアラビア語でなくスワヒリ語で書かれ、それ以前、八世紀にここを訪れた人々は、「海岸地帯の人たちがすでにスワヒリ語の詩を詠《よ》み合っていたので驚いた」という記述があるとも聞いたことがあります。

スワヒリ語は、ここを訪れたいろいろな国の人々の言葉を多く取り入れるようになりました。たとえば、ポルトガル人に統治されたときにはポルトガル語の leso（lesi＝レース）、meza（机）、gereza（刑務所）、peso（pesa＝お金）といった単語がスワヒリ語化され、英語からは baiskeli（自転車）、basi（バス）、penseli（鉛筆）、mashine（機械）、koti（コート）、ドイツ語からは shule（学校）、hela（お金）、ペルシャ語からは serikali（政府）、diwani（議員）などの単語が取り入れられました。そして最近では、科学や経済に関する単語の中には、英語から借用《しゃくよう》されたものが交じっています。たとえば、sayansi（科学）、kemia（化学）、roketi（ロケット）などです。十九世紀になるとコンゴやモザンビーク、そのほかの地方にもスワヒリ語が広まりました。そして、ザンジバルが文化と商業の中心地だったことから、Kiunguja がスワヒリ語の正統派方言として選ばれ、今日に至るまでスワヒリ語の代表として尊重・認識されています。

タンザニアには、国立スワヒリ語審議会（Baraza la Kiswahli Taifa, BAKITA）があり、スワヒリ語の文法の向上を図《はか》るだけではなく、この言語の今後の可能性を鑑《かんが》み、科学技術の発展にも十分対応できるように、常に新しい単語をチェックし、スワヒリ語の維持と向上に努力しています。ほかにも、あらゆるシンポジウムや会議がスワヒリ語で行われ、学術面でも十分使えるようにとの努力がされています。現在、スワヒリ語は世界中の国で広く教えられるようになり、その使用人口はいまや一億人と言われていますが、いまマグフリ大統領は南部アフリカの国々へもスワヒリ語を広める努力を続けておられます。

文字に関しては、スワヒリ語は昔は話し言葉で文字がなく、二世紀ごろにあるペルシャ人が書き始めたという説がありますが、初期のころはアラブ人たちがアラビア語で記していたそうです。十八世紀にやってきたヨーロッパ人宣教師《せんきょうし》たちが、布教《ふきょう》のためにスワヒリ語を覚え、ドイツ人のヨーハン・ルートヴィヒ・クラプフ宣教師が現地の人々の話し言葉を聞き書きして初めてスワヒリ語―英語の辞書を編纂《へんさん》したとされており、その綿密《めんみつ》な分析《ぶんせき》能力には頭が下がります。私は一度、このクラプフの辞書を目にしたことがありますが、茶色のハードカバーで大判の立派な辞書だったので感嘆《かんたん》しました。また、私が最初に英国から手に入れたスワヒリ語―英語の辞書には、単語の後ろにカッコ書きでアラビア文字が記されており、アラビア語の話者にも配慮したものだったと思われます。

スワヒリ語は、ローマ字で書くことができ、母音が多いため、日本人にはとても親しみやすい言葉です。アクセントは単語の後ろから二音目、そして文章は平坦《へいたん》な発音のほうが美しいとされるため、日本人が話すと、皆から「上手《じょうず》なスワヒリ語」と褒《ほ》められます。欧米人は巻《ま》き舌《じた》発音が多く、イントネーションも違うので、平坦に話すことが苦手《にがて》のようですが、日本人には発音しやすい言葉なのです。

でも落とし穴が一つ。それは文法の難しさ、というよりややこしさかもしれません。まず、名詞がメインとなる言葉で八種類のグループに分類され、男性名詞・女性名詞はないのですが、単数と複数があり、どの名詞にも主語代名詞、つまり主辞《しゅじ》があります。そしてその主辞に従《したが》って形容詞の接頭辞《せっとうじ》が変わるため、八種類の単数・複数合わせて十六種類の頭の音の異なる形容詞を覚えなければなりません。時制も現在形、過去形、未来形、現在完了形、過去完了形があり、肯定文・否定文の主辞も違い、仮定法もいろいろ存在し、関係代名詞も何種類か作り方があり、願望の文章や命令形、英語にない文型もあるのです。とにかく名詞の八種類の分類をきちんと覚えないとまちがいだらけのスワヒリ語＝ブロークン・スワヒリになってしまいます。自称「スワヒリ語ができる」という人が日本にも多いのですが、本当に文法をきちんとクリアして読み書きできる人は少なく、法廷通訳者は少ないのです。でも、この言葉は聞いていると同じ音、つまり主辞と接頭辞が連続で出てくるのでリズミカルで聞きやすく、響きのよいきれいな音で楽しくなります。

スワヒリ語は現在、東アフリカの旧英国植民地だった三国（ケニア、ウガンダ、タンザニア）をはじめ、コモロのほぼ全域、ソマリア南部、コンゴ民主共和国東部、ルワンダ、ブルンディ、マラウィ、モザンビーク北部などの広範囲で使われているバントゥー系の言語です。とくに旧英国植民地では独立とともに部族数が多く、国語に何を選ぶかが問題でしたが、アラブ商人によって国内の広範囲で話されていたスワヒリ語を国語に制定しました。

タンザニアでは、ニエレレ大統領がスワヒリ語の国語化を強化したので、百二十六もの部族をまとめて国内統一に成功し、部族闘争《とうそう》がない平和な国となりました。そのおかげで、この国では現在、部族による差別はまったくなくなったと言っても言い過ぎではないのです。また、スワヒリ語はアフリカ連合（AU）で使われる英語、フランス語、スペイン語、ポルトガル語、アラビア語と並んで公用語の一つになっています。

テレビ・ラジオに出演

最近、世界各地でスワヒリ語の話者が増大し、言語の地位も上昇しているため、スワヒリ語圏以外でもスワヒリ語放送をしている放送局が増えました。

テレビやラジオの取材を受けることも多々ある。タンザニア訪問時、ホテルでクルーに囲まれてインタビューに応じる（2016年）

ＮＨＫの国際放送をはじめ、ＢＢＣ（英国放送協会）の国際放送、ボイス・オブ・アメリカ（ＶＯＡ）、ドイツのドイチェ・ヴェレ（ＤＷ）、ロシアの声（旧モスクワ放送）、中国国際放送、ラジオ・フランス・アンテルナショナル（ＲＦＩ）、スーダンの国営ラジオ、南アフリカの国営ラジオなどがあります。

スワヒリ語放送といえば、私はこれまで何度か、タンザニアのテレビ局やラジオ放送局からスワヒリ語のインタビューを受ける機会に恵まれました。

二年間の隊員任期を終え、帰国してまもないころ、私は妹にタンザニアのことを知ってもらいたいと、二人でタンザニアを訪れました。そのときも、ラジオ・タンザニアのスタジオに呼ばれ、〝女性の時間〟という番組でいろいろインタビューされました。二人の女性アナウンサーから質問を受けたのですが、なかでもおもしろかったのは、「日本人の家庭では、夫が働いて得た月給を家に帰るなり妻に全額渡す」（まだ銀行振込ではない時代でしたから……）という習慣を紹介したとき、「うらやましい！　我が国では絶対、あり得ないことだ。男性が威張《いば》っている我が国の男性にぜひ知らせたい！」と感激され、収録後にスタジオから出ると、居合わせたテレビ局の男性たちがニコニコ顔で「日本の男性は気の毒だ」と言ったのです。でも昨年（二〇一八年）の世界「男女平等ランキング」（The Global

Gender Gap Report 2018）によると、世界百四十九カ国のうち日本は百十位。前年より四位ランキングを上げたものの依然《いぜん》として低く、タンザニアはというと七十一位とはるかに上で、なんとも情けない状態です。

帰国後、私は日本でスワヒリ語放送（ＮＨＫ「ラジオジャパン」）に携わることになり、私の声を聞いた東アフリカのケニア、ウガンダ、タンザニアのリスナーの中にたくさんのファンができたのはうれしい限りでした。「MIDORI UNO」とクロス・ステッチで刺繍《ししゅう》したものや写真などを送ってくださるファンもいて、とても楽しく仕事をしていました。

当時、東アフリカの人々は、まさか遠い日本から、日本女性がスワヒリ語で話していることなど、想像もつかなかったでしょう。「あなたは何族？ たまに番組の中で日本語を話しているけれど、どうやって日本語を習ったの？ ペンパルになって？」などという中・高校生からのかわいいファンレターも届いて、苦笑《くしょう》したものでした。私がこの放送を辞《や》めてからも「ママ・ウノはいまどこにいるの？」といったファンレターが届いたり、放送記念日にスタジオに招かれ、昔のリスナーと電話でしゃべったりしました。いまだに私のことを覚えてくれているリスナーがいることに感激し、スワヒリ語に携わることができたことを感慨深く思っています。

四年前（二〇一五年）のタンザニア訪問時には、朝六時からのテレビ番組「モーニングショー」に招かれました。私が宿泊していたダルエスサラームの海辺のホテルからテレビ局までは遠かったので、朝五時までにスタジオ入りするためには朝四時に起きなくてはならず、自分の目覚まし時計に加え、朝四時にモーニングコールを頼みました。最近は自動設定できるのですが、ダメならフロント係がきちんと電話で起こしてくれるのです。

私は四時に自分で起きられたのですが、モーニングコールがないので、「ああ、やっぱりこの国は……」と思っていたそのとき、ドアをトントンとノックする音が聞こえました。私は驚いて、恐る恐る、「何の御用《ごよう》？」と返事をしました。

「ママ、四時になりました」

「ありがとう！　大丈夫。私は起きています。ご苦労さま」

私はうれしさで心がいっぱいになりました。こうして無事に「モーニングショー」に出演。続いてスワヒリ語普及のためのテレビ番組から四十分もインタビューされ、その後、ホテルの従業員や街じゅうの人々から「あなたのテレビ出演を見ましたよ」と声をかけられ、本当に大勢の人たちが「モーニングショー」を見ているのだと感激してしまいました。

日本国内にいても、私はたびたび海外の放送局から電話でスワヒリ語のインタビューを受けることがあります。技術の進歩により、いつでもどこからでも電話インタビューが受けられるようになり、まるで現地のスタジオにいるのではないかと錯覚《さっかく》してしまいます。

ヨーロッパの場合、時差《じさ》があるので真夜中のインタビューで、まず番組スタッフから電話がかかってきて私の在宅を確認し、その後、十〜十五分後にアナウンサーから「インタビューを始めます」との連絡を受けて、本番が始まります。夜更《よふ》かしの私はだいたい起きているのですが、ときに居眠り半分のこともあり、気を引き締めて電話を待っていなければなりません。

ずいぶん昔になりますが、八月六日、広島の原爆の日にBBCラジオに出演したことがありました。もちろん、リハーサルなしの本番で、広島のことや平和祈念式典のこと、原爆に対する私の意見など、さまざまな質問を受けました。インタビューが終わって電話が切れるとすぐ、番組スタッフから再び電話がかかってきて、「よい意見をありがとう」と言われ、終了。「あまりうまく答えられなかったのでは?」と気になりましたが、BBCやドイチェ・ヴェレからは何度もインタビューを申し込まれましたので、好評だったのでしょう。

また、印象的だったのは二〇〇八年のアメリカ大統領選民主党予備選挙の二日前の夜のこと。ドイチェ・ヴェレからのインタビューで、「バラク・オバマ氏とヒラリー・クリントン夫人、どちらが勝利するか日本人の予想は？　そして、どちらが大統領になればよいと思っているのか？」と聞かれ、私は困惑しました。私の意見ならすぐに答えられますが、日本人の意見についてはいつも返答に困ります。仕方ないので、「私は日本人の意見はよくわからないけれど、私は女性なので、クリントン夫人が女性初の大統領にとは思いますが、オバマ氏のオリジンはケニアなので、アフリカ人がアメリカの大統領になったら本当にすばらしく、アメリカの価値が上がると思います！」と答えました。その後もいろいろと質問は続きましたが、私としては、日本人全体の意見についてあまり上手《うま》く答えられなかったと落ち込み、「もう二度とインタビューは受けまい」と思っていたところ、なんと予備選挙が終わった日の真夜中にまたまたインタビューの依頼があり、慌《あわ》てました。

電話を受けた私は、「今日は（インタビューを）お受けできません。先日あまりよい答えができなかったので」と答えると、番組スタッフは「とんでもない。日本人のあなたのスワヒリ語はすばらしいし、内容もおもしろく大好評でしたから、今日もよろしくお願いします！」と押し切られ、またまたインタビューを受ける羽目《はめ》になりました。

「オバマ氏の勝利について日本人はどう受け止めていますか？」

「皆、喜んでいます。とくに日本の（福井県）小浜市《おばまし》の人たちは大喜びしています。選挙前から事務所の壁にアメリカの地図を張《は》り、自分たちの選挙のようにオバマ氏を応援し、各州で当選確実となると花を飾り、最後に当選したときには皆で歓声を上げ、踊って、踊って喜んでいました」

「小浜市はオバマ氏が受かったので、オバマと名前をつけたのですか？」

「いいえ、前から……」

「小浜とはどういう意味？」

「小さい浜です」

「それでは今度は大きな浜、大浜にしないといけませんね！」

こんな楽しいやり取りをし、冗談も入るほどユーモアいっぱいで助かりました。

二〇一一年三月十一日に起きた東日本大震災の直後には、ＢＢＣが仙台と神奈川在住のケニア人二人と、アメリカにいるタンザニア人のスワヒリ語学者、そして私の四人で討論をするという番組を企画しました。英国・日本・アメリカの回線をつなぎ、そこに東アフリカの、ＢＢＣリスナーの意見も交えるという世界四大陸をまたいでのラジオ討論会が約四十分も続いたのです。ほかの人が話している間にちゃんとスタッフから私への指示が入り、もちろん、ほかの人の意見もきちんと聞くことができました。こうした技術の向上に私はいささか驚かされたものでした。

創価大学パン・アフリカン友好会との出会い

さて、日本国内でのスワヒリ語の現状は前述のとおり、ＮＨＫ「ラジオジャパン」スワヒリ語放送が開始された一九六四年には、東京外国語大学にもアジア・アフリカ言語文化研究所（ＡＡ研）が設置されたのですが、スワヒリ語の授業科目はありませんでした。大阪外国語大学でスワヒリ語が教え始められたのは一九八一年のこと。地域文化学科のアフリカ地域文化専攻としてスワヒリ語クラスが学生十八人で始まったと聞いています。その後、大阪外国語大学は二〇〇七年に大阪大学外国語学部に統合されました。残念ながら、日本では大阪大学以外にスワヒリ語を正科で教えている大学は少ないのです（宮城学院女子大学や早稲田大学、創価大学では選択科目として学べますが）。

しかし、東京・八王子にある創価大学では二十八年前、授業でスワヒリ語も教えていないのに、パン・アフリカン友好会主催の弁論大会（創立者杯スワヒリ語スピーチコンテスト）が始められていたのです。以来、毎年このスピーチコンテストが開催されているのは、アフリカ理解を深めるために称賛すべきことです。

日本ではまだ、アフリカに対する関心がまったく薄かった一九六〇年に、この大学の創立者・池田大作先生が「二十一世紀はアフリカの世紀」と提唱《ていしょう》され、一九七六年にタンザニアのジョージ・M・ニグラ駐日大使（当時）と会談した際、将来の文化交流の推進をめざすために、創価大学の学生がスワヒリ語を学ぶことを奨励《しょうれい》されたそうです。こうして、スワヒリ語のスピーチコンテストが創設されたことは本当に快挙《かいきょ》であり、すばらしいことだと思います。こうしたことからも、創価大学の学生は、他大学の学生に比べ、アフリカに対する熱意と関心、理解が一段と高いと思われます。

このスピーチコンテストが開催されることになったころ、私はNHKの国際放送「ラジオジャパン」スワヒリ語放送などの仕事をしていたことから、民音（民主音楽協会）が招聘したケニア国立民族音楽舞踊団（一九九一年）のコメントを聖教新聞に書かせていただき、そんなご縁で、NHKが招聘したアナウンサーとともに、第一回スワヒリ語スピーチコンテストの審査員を頼まれたのが、この大学との初めての出会いでした。

スピーチコンテスト開催にあたって、私は個人的に交流のあったタンザニアやケニア、ウガンダの大使館に呼びかけ、審査員をそれぞれお一人ずつお願いしたのです。さらに厚かましく、参加弁士への参加賞や入賞者への賞品をお願いしたところ、各大使館が「日本でのスワヒリ語普及のために」と、快《こころよ》く申し出を受けてくださったのです。

以来、各国公使が審査員として毎年参加してくださり、たまには大使ご自身も来賓としてご参加くださることもあり、華やかにアフリカムードを盛り上げてくださることに心から感謝しております。十数年前からは、ケニア・タンザニア両国共同の立派な優勝楯《たて》まで贈呈してくださっています。毎年、創立者杯とともに優勝者に授与されるこの楯は、学生たちにたいへん喜ばれ、感謝されています。

弁士は創価大学の学生のほか、他大学や社会人にも声をかけ、大阪大学のスワヒリ語専攻の学生や、最近では日本の大学から東アフリカのナイロビ大学やダルエスサラーム大学への留学経験のある学生（ただし、参加資格は滞在期間一年未満）、それと一般人でスワヒリ語を学んだ人たちが参加しています。毎年異なるテーマに沿《そ》って四分以内でスピーチを行い、時間オーバーは減点という厳しい審査の末、順位が決まります。最後に審査員から、一人一問のスワヒリ語での質疑応答（これは留学していない学生には本当に難しく、大変ですが……）があり、皆が一生懸命に答えるので非常に興味深く、会場に集った人たちを大いに惹《ひ》きつけます。

パン・アフリカン友好会の学生たちは、スピーチコンテストが近づくと大忙しになります。まず舞台の中央いっぱいに、アフリカとの交流を描いた大きな絵を飾ったり、二年生は審査の間の余興《よきょう》として踊るアフリカンダンスの練習に励みます。

当日はアフリカの民族衣装を身にまとい、本当にかわいらしく踊るので、大使館から参加なさる審査員や来賓の大使、会場を埋《う》め尽《つ》くす人々も大喜びします。このダンスは、語学だけでなく、アフリカの文化も学ぶという点で、非常に意義あることだと思います。

一～三位の入賞者表彰、創立者杯授与、参加賞授与、そして会場に集まった人たち

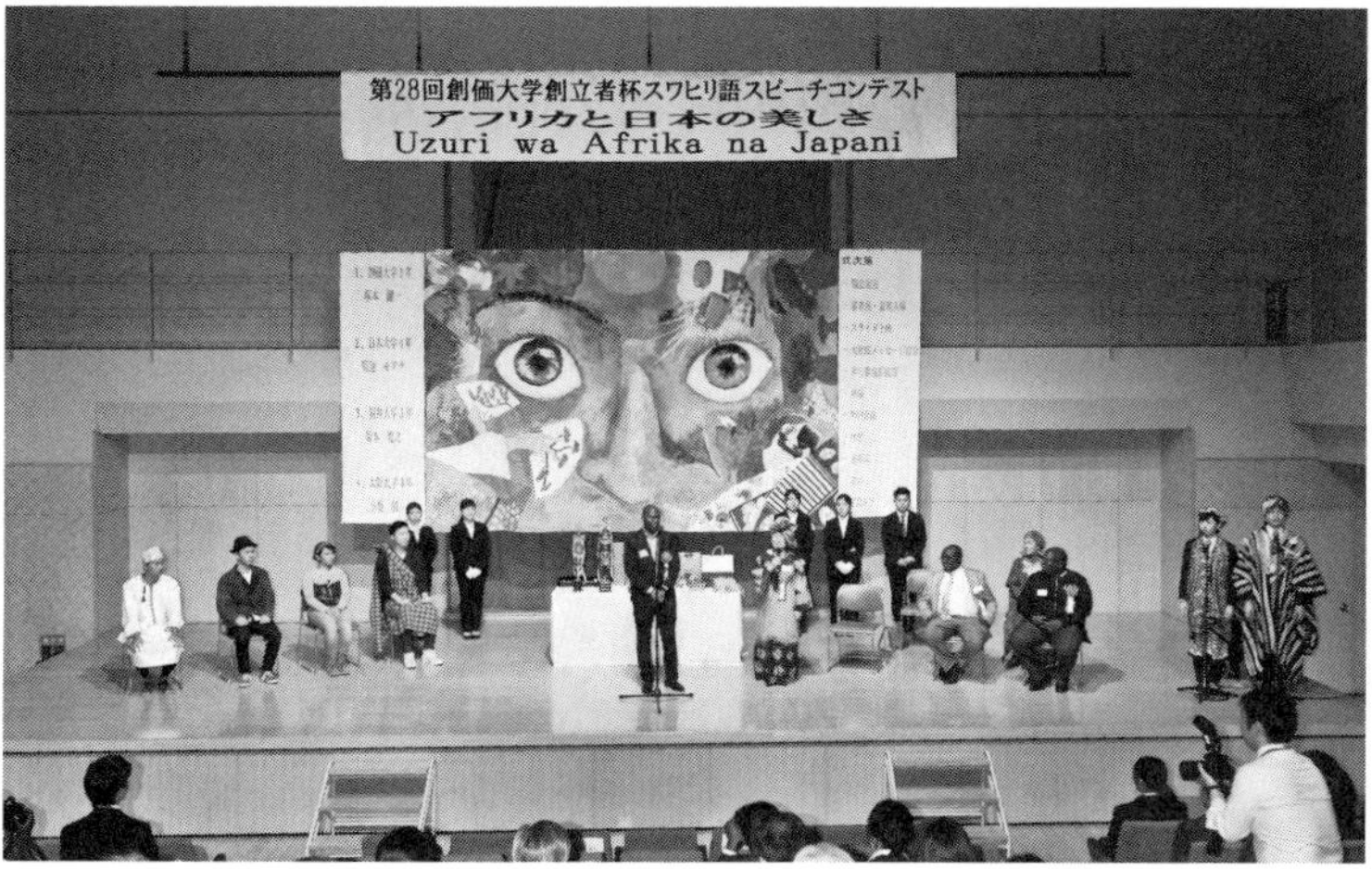

創価大学で開催の日本唯一とされるスワヒリ語スピーチコンテストは28回目を迎えた（2018年）

によって選ばれたオーディエンス賞などの授与、審査委員長の講評などが終わると、その後は参加者全員での交流会が開催されます。東アフリカの人たちも来てくださり、和気あいあい、学生が腕を振るったアフリカ料理も含むごちそうや飲み物が並び、学生たちのかわいいアフリカンダンスも披露《ひろう》され、楽しい一日となるのが常なのです。東アフリカ人は大満足でこのアフリカ・デーを楽しみ、ニコニコ顔でお帰りになられるので、学生たちも大喜びで、また来年に向けて勇気が湧《わ》いてくるのです。

創立者の励まし

私には、このスピーチコンテストにまつわる忘れられない出来事がありました。長年、大腿骨骨折《だいたいこつこっせつ》で歩けず、ベッドで療養《りょうよう》生活をしていた私の母のことです。

私は一九八六年に夫が他界して以来、川越の実家に戻り、家政婦さんにも手伝ってもらいながら、妹とともに母を在宅介護

創価大学パン・アフリカン友好会の学生が披露するアフリカンダンスは、来賓や審査員にも大好評

しておりましたが、二〇〇二年のスピーチコンテストの前日に突然、その母が亡《な》くなったのです。私は「翌日の弁論大会をどうしよう?」と迷ったのですが、「家のことはなんとかなる。でも弁論大会は私がいないと、大使館関係者や多くの来賓も来られるし、弁士や学生たちもさぞ困るだろう」と思い、一睡《いっすい》もせず、泣く暇《ひま》もなく、家のことを妹に任せてスピーチコンテストに駆けつけました。

スピーチコンテストは大成功で終わり、ほっとしました。私としては精いっぱいできることをしただけだと思っていたのですが、皆さまはたいへん心配されたようでした。

数日後、創価大学の教授が立派な写真集『自然との対話』とマスクメロンを携えて我が家を訪ねて来られました。写真集を開くと、池田先生の直筆で、「感謝　宇野みどり先生」とあり、「幸祈る　スワヒリ女王の　日々の旅」と私のためにお詠みくださった歌が記されていたのです。母を亡くした私が弁論大会に行ったことに対し、このような励ましを頂戴《ちょうだい》することなど予想だにせず、池田先生のすばらしい真心に感激してしまいました。

実は、それ以前に私は池田先生に直接、お目にかかったことがありました。一九九八年、タンザニアのムカパ大統領夫妻を東京・信濃町《しなのまち》の聖教《せいきょう》新聞社に招待された折、私もお招きいただいたのです。池田先生が会場をご退出なさる際、「学生がいつもお世話になっております」と、わざわざ私の前に来られてご挨拶してくださったのには本当にびっくりし、感謝の念でいっぱいになりました。池田先生のご健康とご多幸をお祈り申し上げるばかりです。

大学の教壇に立つ

私が創価大学でスワヒリ語を教えるようになったのは、第一回スワヒリ語スピーチコンテストから数年後のことです。「創価大学でもスワヒリ語の授業を始めたいので講師をしてほしい」との依頼を受け、「若い人たちにアフリカのことを教えるのはよいことだ」と思い、お引き受けしました。

ＮＨＫ「ラジオジャパン」のスワヒリ語放送の仕事も続けつつ、最初はスワヒリ語初級、そして中級、言語演習、アフリカ事情なども教えることになったのです。私の友人たちからは「いまの大学生は教えにくいから大変よ」と忠告《ちゅうこく》されたのですが、幸いにも創価大学の学生たちは非常に素直でよく勉強し、とくに私の授業は、アフリカに関心のある学生が集まったせいか、皆とても仲がよく、楽しく授業を進めることができました。

創価大学の卒業生は、アフリカの未来に栄光と期待を込めて海外に広く目を向ける学生が多く、東アフリカの大学に留学したり、青年海外協力隊への参加希望者も多いのです。現在も、アフリカ諸国で活躍している卒業生が便《たよ》りをくれるのはとてもうれしいことです。

一昨年（二〇一七年）、ダルエスサラームに行ったとき、教え子の優秀な女子学生と数年ぶりに会うことができ、懐《なつ》かしさとうれしさでいっぱいになりました。彼女は卒業後に勤めた県庁職員を辞めて青年海外協力隊に応募し、タンザニアに派遣されていたのです。

スワヒリ語のすすめ

スワヒリ語の教育については、仙台にある宮城学院女子大学でも十年間、教える機会に恵まれました。通《かよ》うには遠すぎるので、私は市内のホテルに滞在し、夏休み中に連続四日間、十五時間の集中講義を行いました。それはちょうど仙台の七夕《たなばた》のころで、仙台までやってきた妹と一緒にすばらしい七夕祭りを楽しみました。

女子大なのでもちろん、学生はすべて女子。皆、楽しくスワヒリ語を学ぶため、真夏の暑い中、華やかな服装で頑張って私の集中講義に出席していました。この大学にはアフリカ通の教授がおられ、ザンジバル島へ研修旅行に行くという点でも人気があったのかもしれません。最終日にはテストを実施。落第《らくだい》しないように学生が一生懸命、勉強していた姿も懐かしい思い出です。四日間の講義が終わった後は、妹と二人で宮城・蔵王《ざおう》の麓《ふもと》にある遠刈田《とおがった》温泉で休養を兼《か》ね、蔵王の旅を楽しみながらテストの採点に追われたものでした。

このほか、私がいまもスワヒリ語を教えている学校としては、東京・四谷にあるDI《ディ》LA《ラ》国際語学アカデミーがあります。長い歴史を誇る同校は世界五十五カ国語を学ぶことができ、主に社会人が通っていますが、学生が学びに来ることもあります。アフリカ大好きな人ばかりですので、スワヒリ語を学びながら、アフリカの話になると皆、瞳《ひとみ》を輝かせます。毎年、東アフリカに行く人もいれば、新婚旅行で東アフリカに行って以来、夫婦でサファリを楽しんでいるという人などさまざまですが、皆、仲よく楽しく学んでいます。また、東アフリカへ派遣されるJICA《ジャイカ》関係者や商社マンが学びに来ることもあります。会社が終わって疲れているのにもかかわらず、熱心に学ぶ姿には頭が下がります。

また、かつて外務省研修所でスワヒリ語専門の外交官に教えていた時期もありました。東京・茗荷谷《みょうがだに》や神奈川・相模大野の研修所、または霞《かすみ》が関《せき》の外務省内の教室で一対一で教えましたが、さすが難関の外交官試験をパスした方々は語学の修得も早く、感心しました。

その後、私がタンザニアを訪れた際、ダルエスサラームの日本大使館に勤務していた外交官との再会を楽しんだり、タンザニアに赴任《ふにん》される大使ご夫妻にも、外務省でスワヒリ語をお教えする機会に恵まれました。

二〇一〇年、皇太子殿下《でんか》（現在の天皇陛下）がガーナとケニアをご訪問なされた際には、殿下（当時）は、スピーチを現地の言葉と英語でなさりたいという国際感覚をお持ちで、私もスワヒリ語の言い回しなどについてご助言させていただく光栄な機会に恵まれました。ケニアご訪問中、スワヒリ語でご立派にご挨拶なさる殿下のお姿をテレビで拝見《はいけん》し、たいへんうれしく思い、改めて殿下のすばらしさに大感激し、尊敬申し上げた次第です。

また、即位なされた天皇陛下は、タンザニア大使ご夫妻の離任にあたり、以上の経緯があったからかスワヒリ語でのご挨拶について私に照会《しょうかい》があり、私もうれしくこれにお応《こた》えしました。その後、タンザニア大使ご夫妻とお会いした折、「天皇陛下がスワヒリ語でご挨拶くださり、最高に楽しい会談となった」とこのうえなく喜んでおられたので、私も非常にうれしく、陛下のご努力と相手国への温かいご配慮に深く感動いたしました。

私がタンザニアを訪れた折、タンザニア人とのパーティーなどの場に赴《おもむ》きますと、駐タンザニア日本大使館の吉田雅治前大使やＪＩＣＡタンザニア事務所の長瀬利雄元所長、そして現在の後藤真一大使は必ずスワヒリ語でスピーチなさっておられ、そのご努力には本当に頭が下がる思いです。もちろん、集まったタンザニア人は大喜びで、好意的な笑《え》みを持って耳を澄ましている姿も見受けられました。

これからますます国際化は進みます。「海外に行くよりは平和な日本にいて家族と楽しく過ごせればよいと考える若者が多くなった」とあちこちで聞きますが、これからはやはり、もっと広い心で世界の人々と友好関係を結ばなくてはいけないのではないでしょうか。私たちは日本国内だけという小さな殻《から》を破《やぶ》り、現在の日本を外から見直さなくてはなりません。若者世代はもちろんのこと、日本人全員が世界じゅうの人々と手を取り合って、平和ですばらしい未来に向かって進んでほしいと思います。

日本での東京オリンピック・パラリンピック開催も近づいていますので、皆さま、どうぞスワヒリ語を学んでください。そして東アフリカからのお客さまを快く歓迎しようではありませんか。異国の日本で、たった一言のスワヒリ語の声かけが、どんなに彼らの心に染《し》み入ることか、考えてみてください。アフリカにもっと目を向け、過去の姿だけではなく、近代化されたアフリカの現状を知り、友好関係を結んでくださいますことを心から念願いたします。スワヒリ語を学んだおかげで私の人生もすっかり変わり、アフリカとともに楽しい人生となりました。

第４章（Sura ya Nne）

サバンナの風に吹かれて

Kufurahia Upepo wa Savana

～サファリの魅力とキリマンジャロ登山

Uzuri wa Safari na Upandaji wa Mlima Kilimanjaro

サファリで見るさまざまな野生動物に感激

国立公園

東アフリカ一の大きな国、日本の国土の二・五倍の広さを誇るタンザニアは国土の二五％を動物の保護地域としています。十五の国立公園があり、ここにはアフリカ全土の大型哺《ほ》乳《にゅう》動物の二〇％が生息していて、ンゴロンゴロ自然保護区が有名です。動物だけではなく、野鳥にとっても天国で、セレンゲティ国立公園だけで五百種類、マニャラ湖国立公園、ミクミ国立公園、ウズングワ山塊《さんかい》国立公園には四百種類もの野鳥が生息するので野鳥観測ができます。

また、花の楽園といわれるキトゥロ国立公園もあり、四十五種類のランの花や三百五十種類の植物が楽しめます。そしてもう一つ、タンガニーカ湖東岸にあるマハレ山塊国立公園は、日本の京都大学の学者たちがチンパンジーなどの霊長類《れいちょうるい》の研究に訪れたことで有名になりました。

セレンゲティでは、気球に乗って動物を上から眺《なが》めるバルーン・サファリもできます。早朝、日の出前に気球に取りつけられたカゴに乗り込み、ゆったりと進むバルーンから眼下に広がる広大な地上にいる野生動物の群れを見るのは、サファリカーに乗って動物を見る景色とはまた違った開放感があり、本当に楽しいものです。ただし、注意しないといけないのは着地のときで、乗っていたバルーンのカゴがゴロゴロと横転するので、しっかりつかまっていないと、ブレーキもなくそのまま地上に降りるので、とても危険です。でも、カゴからやっと這《は》い出して降り立つ早朝のサバンナは一段と美しく、柔らかな草の上にはテーブルが置かれ、旅行会社が用意してくださる美味《おい》しい朝食が待っています。お祝いのシャンパンがグラスに注がれ、皆で乾杯！　この朝食の味も気球と共に忘れがたい思い出です。

山好きな人は、アフリカの最高峰（単独の山としては世界の最高峰）であるキリマンジャロ山（標高五千九百八十五メートル）やメルー山（四千五百六十二メートル）への登山が楽しめます。ほかにも、山ではトレッキングやウオーキングサファリもできますし、湖ではカヌー・サファリも楽しめ、湖や八百キロメートルの長さを誇るインド洋沿岸では釣りやスイミング、シュノーケリングもできるし、ザンジバルにはダウ船のサファリもあり、本当に何をしても楽しい国なのです。

初めてのサファリ

皆さまはサファリと聞くと、どんな光景を想像するでしょうか？　きっと熱帯の青い空の下、広いサバンナ、カメラを手にサファリカーで走る様子などを思い浮かべることでしょう。とにかくサバンナは広いので、そこに身を置くだけでも爽快《そうかい》な気分になります。狭いところで大勢の人間に囲まれ、神経をすり減らし、気を使いながら毎日を送る日本の生活と比べれば別天地！　気持ちも大きくなり、楽しさいっぱいで希望も湧《わ》くことでしょう。

サファリという単語はスワヒリ語で「旅」や「旅行」を意味しますが、植民地時代、外国人の間ではサファリとは「広いサバンナで動物を追うこと」「狩猟《しゅりょう》旅行」という意味で使われており、いまもそう思っている人がいるようです。でも、現在は狩猟旅

天井の開いたサファリカーで大自然の中を走り、たくさんの野生動物を見ることができる（1990 年）

行をするには、まず銃《じゅう》の登録が必要ですから、そう簡単にはできません。ワシントン条約（絶滅の恐れのある動植物の種の国際取引に関する条約で一九七五年に発効、日本は一九八〇年に参加）もあるので、なおさら難しくなっています。

私がこの国に住んでいた二年間は、まだこの条約がなかった時代ですから、象牙《ぞうげ》の太いブレスレットやイヤリング、指輪などいろいろなアクセサリー、そして象牙をそのまま一本使って彫り物をした飾り物、キリンやゾウの尻尾（普通の尻尾の先に艶《つや》のある黒い針金みたいな細い糸状の黒い尻尾が下がっている）を編んだブレスレットや指輪、ゾウの足をそのまま脚に使ったテーブル、ライオンやヒョウ、シマウマ、コロバスモンキーなど動物の毛皮の豪華な敷物、ハイラックスのベッドカバーなどが土産物《みやげもの》店の店先や天井《てんじょう》にふんだんに陳列されていて大人気でした。あまりのすばらしさに、私もいくつかのアクセサリーや毛皮などを買い求めました。

私にとってもサファリをすることは東アフリカ旅行の楽しみの一つで、ケニアやタンザニアで何回かその機会に恵まれました。

初めてのサファリは協力隊員としてタンザニアに派遣された一九六七年、アフリカへの第一歩を印《しる》したのはケニアの首都ナイロビでしたから、郊外にあるナイロビ・ナショナルパークに行き、たくさんの動物を見て興奮しました。当時はまだオフロード規制はなく、道路以外のどこにでも車を走らせることができました。この規制は自動車の車輪に踏《ふ》みにじられたサバンナの草がもう一度立ち直るのに長い年月がかかるので、環境保護という観点から定められたようですが、観光客が多くなった昨今では動物保護も重要視され、あまり動物たちに近寄らないようにという観点から、この規制は厳重《げんじゅう》に守られていて、規制を無視した車のガイドには罰金《ばっきん》が科《か》せられます。もちろん、サバンナを汚す人やごみを捨てる人、小鳥にえさをやる人にも罰金が科せられるなど、厳しい規則が作られています。

とにかく、昔はどこでも走ることができたので、小型のかわいいトムソンガゼルの群れに近づけば、たくさんのガゼルが車の両サイドにぴったりついてきて車と並走してピョンピョン跳《は》ねまわっていました。私も天井の開いた車内で座席に立ったまま、身軽なトムソンガゼルに負《ま》けずにピョンピョンとどちらが速いか競走しているような錯覚《さっかく》にとらわれ、本当に楽しかったのです。動物はトムソンガゼルだけではなく、突然、そばを突っ切るシマウマの意外な大きさに圧倒されたり、まだ毛がふわふわのかわいいチーターの親子に近づけたことも思い出されます。何度行っても、私はそのたびに違った風景や場面に遭遇《そうぐう》し、新しい思い出がたくさんできました。これがサファリの魅力なのでしょう。

ンゴロンゴロ・クレーター

サファリの一等地はタンザニアの世界遺産としても有名なンゴロンゴロ自然保護区です。ンゴロンゴロ・クレーターは三百万年前にできた火山のカルデラに広がる盆地《ぼんち》を指します。外輪《がいりん》は南北十六キロメートル、東西十九キロメートルの広大なカルデラとして知られています。クレーターを囲み連なる外輪山の頂上からは真っ白な雲がものすごく幅広く帯のようにかかり、それがまるでナイアガラの滝のようにとめどなく流れ落ちる様子（テーブルクロス現象）は生きているようで、びっくりしました。

このカルデラにはフラミンゴがいっぱいいて、ピンク色の羽根で湖全体がピンク色に染まる湖があったり、当時、世界でもめずらしいクロサイがいたり、ゾウ、ライオン、サイ、カバ、水牛のほかに三万頭もの動物が住んでいました。クレーターの壮大さ、美しさは何とも形容しがたく、まさにこの世のパラダイス、ここを訪れる作家たちが〝エデンの園〟と評するのも頷《うなず》けます。もちろん、人間の居住は許されていませんが、昔からこの地に住んでいた牛の放牧で有名なマサイの人々だけは現在も住み続けることを許されています。最近は象牙やサイの角、毛皮などが目的の密猟者が多いので、政府は密猟禁止にも力を入れ、動物保護をしています。

ンゴロンゴロ・クレーターは、ユネスコの世界遺産に登録された八千三百平方キロメートルもあるンゴロンゴロ自然保護区内にあります。ここには人類発祥の地として有名になったオルドバイ渓谷《けいこく》があり、オルドバイとはマサイ語でこの峡谷《きょうこく》に育つ麻の一種の名前です。ここで一九五九年、英国の人類学者、ルイス・リーキー博士と妻のメアリー・リーキー博士が百七十五万年前の猿人化石を「ジンジャントロプス・ボイセイ」（後のアウストラロピテクス・ボイセイと同義語）と命名し、人類はここからアジアそのほかの地域に広がっていったと言われています。その他、先史時代のゾウ、大きな角を持つ羊、巨大なダチョウの化石なども発見されています。

オルドバイ渓谷の東南三十キロメートルにはラエトリ遺跡があります。三百六十万年以上前の初期人類アファール猿人の足跡、火山灰の泥の中に残され固まった親子三人の足跡の化石が火山灰層に見つかり、人類が二足歩行をしていた証拠として有名になり、大切に保管されていますが、これもメアリー・リーキー博士の発見なのです。この三人の足跡の大きさはそれぞれ十八センチ、二十一センチ、そして二十六センチ。つまり、三人家族で子ども、母親、父親の足跡と説明されています。このように東アフリカは、考古学においても重要な地として注目されているのです。

　私が初めてンゴロンゴロに行ったのは、同僚隊員たちとキリマンジャロ登山を済ませたその足で、休みも取らず、身体のあちこちが痛いまま、バスでビクトリア湖畔のムワンザまで行くという強行軍の道中、ンゴロンゴロ・クレーターでサファリをしたのです。疲労困憊《こんぱい》のまま定期バスに乗り込んだのですが、外国人が乗ることはめったにないようで、ドライバーは私たちをいちばん前の見晴らしのいい席に座らせてくれ、ライオンが悠々と目の前の道路を突っ切ると車を停めて、「早く、早

ンゴロンゴロ・クレーターの入口で

く写真を！」と促《うなが》してくれたのです。乗客のタンザニア人たちも、ニコニコ顔で協力してくれましたし、キリンなど危険のない動物が通過すると、「車から降りて写真を撮るように！」と、乗っている全員が応援してくれるのです。あんな楽しい旅は初めてでした。何時間も乗らなければいけないこの定期バスは皆、時間の遅れなどお構いなしでンゴロンゴロに着いたのでした。

宿泊予定はユースホステル。でも着いてみると、当時ここは素泊まりで暖房がなく、疲れた身体には無理と、ンゴロンゴロ・クレーター・ロッジへ移ることにしました。でも、移動するのにバスどころかタクシーもなく、私たちは夕暮れ迫る時間帯に疲れた身体に鞭《むち》打《う》って、荷物を持ってトボトボと両側を森に囲まれた細い山道を口も利《き》かずにただひたすら歩きました。すると突然、左手の木陰《こかげ》からゾウの雄叫《おたけ》びが！　ぎょっとして見ると、大きな、大きな雄のアフリカゾウが大きな耳をパタパタ動かし、鼻を上に振り上げて大声で叫び、足をズシン、ズシンと踏み鳴らして私たちを威嚇《いかく》したのです。その形相《ぎょうそう》の恐ろしさに私たちは跳び上がり、とっさに走る、走る、走る！　疲れた身体も重い荷物もなんのその、無我夢中で走って逃げたのです。いま思い出しただけでもぞっとします。もちろん、いまは夕方に徒歩など規則違反で許されません。

とにかく、クレーター・ロッジに無事チェックイン。クレーターを見下ろして立つコテージ風の一軒家の客室に荷物を置いて外に出ると、空にはハゲタカが舞い、近くをシマウマがのんびり歩いていました。私は疲れも忘れて、目前に広がる雄大なクレーターを眺めながら大自然を満喫したのです。その後、ちょっと離れたところに立っている豪華なディナールームに入ると観光客たちは盛装《せいそう》をしており、ズボンをはいたサファリルックの私は恥《は》ずかしい思いをしたものでした。最近は夜でも盛装は減っていますが、あのころサファリができるのは世界の大金持ちしかいなかったので、豪華だったのだと思います。

ディナーを済ませて部屋に戻ると、なんと停電。ここは自家発電なので停電はないはずなのに、モーターの何かが故障したとか。電気がダメだと水も出ず、シャワーも浴びず、そのままベッドへ。夜中に私はめずらしく目が覚めたので、ベッド脇の電話機に手をかけ、おぼろげに覚えていたフロントのダイヤル番号を回すとすぐ、英語で応答してくれました。

「いま何時？」

「四時ですよ」

「いったい、いつまで停電しているの？　シャワーも浴びられなくて困るじゃないの」

「本当に私も困っています。ところであなた、どなたに電話していらっしゃいますか？」

私はハッとしました。こともあろうに、私は暗闇《くらやみ》でまちがえてだれかの客室にダイヤルしてしまったのです。そのことに気づき、平謝《ひらあやま》りに謝りました。もし、私が真夜中にこんな電話を受けたら、どんなにひどい応対をしたかと思うと赤面《せきめん》してしまいました。

仕方なく、またうとうとと眠りにつくと、突然「ジャー」という大きな音。水道の蛇口《じゃぐち》を開けっ放《ぱな》しにしていたせいでシャワールームは水浸《びた》し。すでに電気も戻っていました。これもサファリの忘れられない出来事のひとつです。

翌朝六時からサファリカーに乗り込んだ私たちは、外輪山の細い急坂を一気にクレーターに走り降りたのですが、驚いたのは寒さでした。赤道直下、アフリカは暑いと思っていたのですが、早朝の広いサバンナを車は猛スピードで走るので、風がビュンビュン、耳がちぎれそう。手足も手袋と厚い靴下を履《は》かないと寒くてじっとしていられず、長袖シャツに薄地のセーター、その上にウインドヤッケというまったくの冬支度をしないと、いたたまれないくらいの寒さなのです。もちろん、日中は赤道直下で太陽は熱く、木綿《もめん》の長袖で日焼けを防ぎ、直射日光を避けるための帽子は必需品です。なにしろ、東アフリカの大地は海岸から内陸に向かって高度を増し、このンゴロンゴロ・クレーターだけではなく、ほかの国立公園も千八百メートルくらいの高原地帯にあるので気候も同じ。涼しいというよりむしろ、朝晩は非常に寒いのです。

私が初めてここを訪れたころは、数限りない野生動物がいました。シマウマやヌー、ゾウ、水牛、サイ、キリン、グランドガゼル、トムソンガゼルなどのガゼル類、ハイエナ、イボイノシシ、ブッシュバック、エランド、リードバック、小さなディグディグ、大耳キツネ、ジャッカル、サーバルキャット、ハイラックスなど。なにしろクレーターはいろいろな野生動物の宝庫なのですから。そして地平線をバックに猛スピードで走るダチョウなどがあちこちで草を食べている姿は壮観《そうかん》でした。カバやワニなどが川や沼の中でのんびりと群れをなし、じっと動かず休んでいるなど、とにかく初めて見る光景にすっかり興奮してしまい、大声をあげて叫びたいくらいうれしさが込み上げてきたことを覚えています。

ジープ型のサファリカーの天井を開け、そこから身を乗り出してスピードを上げ、サバンナを走るあの醍醐味《だいごみ》はなんとも言えない爽快さでした。とにかく、広い、広いクレーターの中を全力で動物を追いかけるのですから楽しいわけで、ブッシュの木陰にこっそり隠れるライオンの親子、ハネムーンのカップル、また、ほかの動物たちからエサを横取りして奪《うば》おうと遠巻きに囲んでいるサバンナの掃除屋ハイエナ、子ゾウを中心にズシンズシンと行進するゾウの大群、大耳ギツネや数々の羚羊類《れいようるい》など、どこを走っても数多くの動物たちがふんだんに目の前に現れるのです。外輪山の向こうに沈む真っ赤な太陽、そこに浮かぶ動物たちのシルエット、とにかく大自然の絵巻物に茫然《ぼうぜん》と見とれ、その後は楽しいディナー、たくさんのメニューにエンターテインメント。こうしてクレーター二日目の夜は興奮気味で、ぐっすりと深い眠りについたのです。

動物たちとのスリリングな遭遇

皆さんは東アフリカでサファリをすれば、いつでもどこでも野生動物たちに会えると思っていることと思いますし、私は「アフリカでは街中にもいろいろな猛獣《もうじゅう》たちが歩いていて、会うことができるのでしょう?」と、驚くべき質問をされることがあるのですが、答えは「NO」です。日本のサファリパークとは全然違うのですから、都会に野生動物がいるはずがなく、人間と共存などできるわけがないのです。アフリカの都会に高層ビルが立っているイメージは浮かばないかもしれませんが、大都会に野生動物が現れたら、危険極まりないことです。また、国立公園などに行けば、大自然の中で自由に生きる動物たちにすぐ会えるという考え方もちょっと違うかもしれません。サバンナは広大ですし、時間帯が悪いと動物たちも休憩時間ですから、日中に車で走って、走って、走っても、野生動物たちに出会えない場合もあるのです。

余談ですが、かつてケニア大使ご夫妻と公使が北海道の旭川動物園を訪問され、私も妹と通訳として同行。園長の案内に皆で大喜びしていたとき、大使が園長に質問されました。「熱帯の動物たちは北海道の冬の寒さに耐えられるのか？　かわいそうに思うが？」

「まったく問題はありません。ある雪の日、キリンが自《みずか》ら檻《おり》から外に出てきて、楽しそうに雪の上を滑《すべ》って遊ぶのでびっくりしたものです。ほかの動物たちも同じで、その日以来、いつも雪を喜んでいます」

これを聞いて、皆、驚きました。だれもが「雪の日には動物たちはどうしているのか？」と興味津々《しんしん》でしたので、この答えにホッとし、うれしくなりました。

ライオン

百獣の王と呼ばれるライオンですが、子連れのライオン一家の場合、木陰でお腹《なか》を見せて仰向《あおむ》けに寝ているママ・ライオンの傍《かたわ》らで三匹の子どもたちが無邪気にじゃれあう様子は平和そのもの。ときには、たてがみの立派なパパ・ライオンも一緒だったりしますが、そんなときのパパ・ライオンは百獣の王の威厳も見られず、ゆったりと穏やかで、家族団《だん》欒《らん》の光景は見ているほうも心が和《なご》みます。

あるとき、普段とは逆コースでヴィクトリア湖畔から入った早朝のセレンゲティで、寒さに震《ふる》えながら動物たちを追っていたところ、若い雄ライオン六頭がほぼ一直線に隊列を組み、サファリカーの私たちのほうへのっそのっそと迫《せま》ってきました。ドライバーが車を停めたので、私たちは恐怖で息を呑《の》み、窓を閉《し》めた車の中からじっと眺めていました。六頭は一列横隊を崩さずどんどん近づいてきて、すぐそばまで接近したときは一瞬、どうなることかと手に汗握《あせにぎ》ったのですが、なんとライオンたちは私たちには目もくれず、車すれすれで回避し、何ごともないかのように立ち去っていったのです。群

サファリで会える動物の中で最も思い出が多い百獣の王ライオン（スワヒリ語でシンバ）

れから追い出された若い雄ライオンたちが、朝食探しに歩いていただけだったようです。

そのほか、木登りライオンも生息しています。タンザニア北部のレイク・マニャラホテルはアフリカ大陸を縦に走る陥没《かんぼつ》した大地溝帯《だいちこうたい》の崖っ淵《ぷち》に立っていることで有名ですが、眼下に広がるレイク・マニャラ国立公園にいるライオンは、アカシアの木の長く伸びた太い横枝に登り、木を抱き込むように四本の足をだらりと下げ、のんびりお昼寝を楽しんでいて、真下に車を停めて車の天井からカメラを出しても、気にせずです。

しかし、弱肉強食の世界を垣間《かいま》見ることもあり、サバンナの丈《たけ》の高い草むらからガリガリ、ポキポキ、ムシャムシャとものすごい音や鼻息が聞こえて、恐る恐る近寄ると、なんと血で口を真っ赤に染《そ》めたライオン六頭が仕留めた獲物《えもの》を四方八方から寄ってたかって、ものすごい勢いで食べていたのです。獲物になったガゼル（?）と思われる動物は、恨《うら》めし気《げ》に目をむき出して睨《にら》んでいるのですが、獲物を食べ尽くすライオンたちの周囲を取り囲んでいたのは、サバンナの掃除屋ハイエナでした。その上空にはたくさんのハゲタカがぐるぐると低空飛行で旋回《せんかい》し、獲物を狙《ねら》っているのです。これもサバンナの掟《おきて》とはいうものの、弱肉強食の光景には驚いてしまいました。

反対に、あるとき私は、立派なたてがみがヨレヨレに縮《ちぢ》れて毛も色褪《いろあ》せ、お腹もぺっちゃんこでヨボヨボと歩いてくる雄ライオンを発見。歩くのもやっとで、「かわいそうに。もう生きていけないな」との思いが私の頭をよぎったとき、ドライバーが「かわいそうだが、私たちにはどうすることもできない。まもなくハイエナが飛びかかってこのライオンを倒すだろう。そしてこのライオンはあの世行き。これがサバンナの厳しい掟だよ」と言ったのです。驕《おご》れるものは久しからず。百獣の王であっても末路は哀《あわ》れで、サバンナの生活も決して楽ではないのです。

チーター

単独行動が多いヒョウにはあまり会うことができず、やっと会えたと思ったら後ろ向きでじっと動かず。また別のときは、あっというまに目の前を横切って消えてしまったりして難しいのですが、サバンナの短距離選手チーターには何度も会うことができました。かわいい子連れママが多く、小高い丘の上で子どもを従《したが》え座《すわ》り込んでいて、ママが子どもに与えるエサ――つまり遠方の小動物ですが――を捕《つか》まえようと四方八方くまなく視線を巡らせて必死に頑張る姿は、後光が差しているようです。無邪気にじゃれている子どもたちがそばを離れると「キャ」とも「ニャ」とも聞こえる鋭く甲高《かんだか》い声を上げますが、サバンナ中に響き渡るような独特の声です。

しかし、このかわいい親子の写真を撮りたいという観光客を乗せたサファリカーがどんどん増加し、獲物が車の音で逃《に》げてしまうので、ママがそれを狙ってスタートダッシュしても逃げられてしまいます。とにかく獲物を捕まえないと親子ともども飢え死にか、もしくは逆にもっと大きな野生動物に食い殺されてしまうかもしれません。がっかりしたママの気持ちが痛いほどわかり、再び獲物を探すため、子どもたちを連れてすごすごと悲しそうにサバンナを移動するママの姿に、「早く獲物が捕まりますように」と祈りました。

三月はいろいろな動物の出産月。皆、そこをめがけてサバンナに繰り出し、生まれたてのかわいいチーター親子や、ほかの動物の親子の写真を撮るのです。最近ではサファリカーをものともせず、ボンネットに上って遊んで帰るほど、人間に慣れたチーターもあちこちに現れています。人間は車から降りたらやはり危険ですが、チーターと一緒に上手《じょうず》に写真を撮ってきた人が、自慢げに私に見せてくれます。

キリン

キリンも集団でサバンナに立っている姿は壮観です。のっそりのっそり、フワーッフワーッと浮いているように長い四本足で歩くキリン。近寄ると本当に首が長く、背が高く、足も長く、びっくりしてしまいます。二頭のキリンがその長い首を絡《から》ませてネッキング（首の打ちつけ合い）している様子は見事です。朝から夕方まで十二時間もの間、高い木の上のほうにある葉っぱをムシャムシャと食べ続けていることには驚きますが、体が大きいのでそのくらい食べないと持たないのでしょう。でも、私は、キリンの鳴き声を一度も聞いたことがありません。「昔、おしゃべりだったキリンは皆から顰蹙《ひんしゅく》をかい、神さまから声が出ないようにされてしまった」というタンザニアの民話を思い出しました。

キリンには二種類あり、普通よく見られる網目《あみめ》模様の毛の網目キリンと、不規則な星形模様の毛で淵がぼけているマサイ・キリン。全体的には網目キリンのほうが多いようです。

ダチョウ

サバンナで見るダチョウは、動物園のダチョウとはまるで別物。突然、猛スピードで走るさまは見事で、「こんなに速いのか！」と驚くばかりです。この駆け足は絶対、動物園では見られません。

イボイノシシ

サバンナで私たちの目を楽しませてくれるのは、ブタに似たイボイノシシです。親を先頭に十頭くらいの小さなかわいい子どもたちが一列縦隊で、短くて細い尻尾を皆、垂直に立てて行進しているのは微笑《ほほえ》ましい限りです。そして、草を食《は》むとき短い前足を二つに折って頭を下げ、奇妙な格好で食べる様子も見応えがあります。また、巣穴に住む小動物夫妻が子どもの巣穴を隠すように、観光客の前では絶対に巣穴には入らず、遠巻きに右往左往しながらカムフラージュし、私たちを騙《だま》そうと一生懸命、頭を使っている様子もかわいく、感心させられます。

サイ

サイにはクロサイとシロサイがいるのですが、シロサイは白いと思ったら大まちがい。口の形が異なるのです。シロサイの口は一文字に水平になっていて、草をうまく食べられるようにできています。一方、クロサイの口は三角状にとがっています。現在、ンゴロンゴロ・クレーターには世界でもめずらしいクロサイが十数頭いるそうなので運がよければ会えますが、まっすぐこちらへ突進してくるので、気をつけないと危険です。

カバ

カバは、水の中に身体を沈め、何頭も身を寄せ合ってじっとしていることが多いのですが、よく観察すると結構、動いているのです。以前、大きな川沿いのログハウスのロッジに宿を取り、夕食前のひととき、テラスでのんびりと目の前の川の流れを眺めておりました。すると突然、目の前のカバの周りの水が輪《わ》になって、だんだんと濃い緑色になり、その波紋《はもん》はどんどん広がって半径四メートルくらいの美しい緑の輪のグラデーションに。初めての不思議な光景を眺めていると、友人が笑いながら私に教えてくれました。

「あれ、糞《ふん》ですよ。カバは短い尻尾をクルクル回しながら糞をするので輪が広がるのです」

夕食後、「夜は外出禁止。カバは危険な動物で夜中に川から上がり、かなり遠方まで猛スピードで走り回ります」との注意がありました。翌朝、外に出てみると部屋の前の大木の下方に例の緑色がべったりついていたのです。知らなかったカバの生態に驚きました。

ワニ

ワニもたくさん見ることができます。水辺にのんびり、目だけキョロっと光らせて、重なるようにじっとしている様子からは、「ヌーの川渡り」を襲《おそ》うときに突然、ヌーに飛びつくワニのあの素早さなど、とても想像がつきません。

◆　◆

とにかくサバンナにはたくさんの動物がいるので、初めて見たときに感激したシマウマやそのほかの動物の大群も、見慣れてしまうと次に遭遇したときは、「なんだ、またシマウマか」などと呟《つぶや》いてしまい、人間はなんと勝手な動物なのかと思ってしまうのでした。

また、マサイ村を訪問し、マサイジャンプを踊るのも一興《いっきょう》、おすすめです。

ゴールデン・サバンナ

サファリといえば、ゴールデン・サバンナも懐《なつ》かしい思い出です。

その日、私は朝から友人たちとサファリカーに乗って、あちこちぐるぐると動物たちを追っておりました。林を抜けると突然、一メートルもある稲科の草があたり一面、果てしなく続いている場所に出て、その草は乾期のせいか真っ黄色になっており、まるで日本の秋の稲穂の田園風景のようでした。地平線まで続く真っ黄色な広い草原全体が、風にそよいで大きく波打つ見事な光景に目を見張りました。

その端《はし》には一メートルくらいの灌木《かんぼく》のブッシュが赤・黄・緑とまるで日本の秋の紅葉のように輝き、額縁に入った絵画のように見えたのです。私は一瞬、「サバンナにもこんなに紅葉する樹があるのか！」と思ったのですが、ドライバーに聞いてみると、「これは樹の下草を野火で焼いた結果です」と言われ、本当に驚かされたものでした。でも黄金に輝く広いサバンナを〝ゴールデン・サバンナ〟と呼ぶ言葉があるのですから、私だけでなく、やはりこの光景に魅せられた外国人は多かったのだと思います。ゴールデン・サバンナ！なんとすばらしい光景でしょう！　これもサファリの醍醐味です。

ヌーの川渡り

サファリというと、ヌー（牛カモシカ）の大群がマラ川を渡る光景をよく目にすることと思いますが、これは本当に圧巻です。九月になると、マラ川の対岸には川を渡ろうと何万頭ものヌーやシマウマ、そのほかの動物たちが集まります。といっても「いつ」と決まっているわけではなく、こちらの勘《かん》が当たらず、相手はなかなか渡ってくれません。

最近は川岸近くに車を停めることが禁止されていますが、昔は大丈夫で、私は三日間、近くのロッジから早朝に出発し、ヌーが渡りそうな川の岸辺に一日じゅう陣取って、その瞬間を待ちました。炎天下、陽よけになる建物どころか木陰さえもない原っぱで、車に乗ったり降りたりしながらただじっと対岸から渡ってくる動物たちの動向を気にしつつ、ひたすら待ち続けたのです。すると、一頭がこわごわ高い崖の上から道なき道を降り始めたのですが、怖いのかすぐに引き返し、勇気のある一頭が何度も試みるのですが、断崖絶《だんがいぜっ》壁《ぺき》に近い川岸を降りるのはやはり怖いのでしょう。こちらの岸から音でも出そうものなら一斉に動きがピタッと止まってしまいますから、息を潜《ひそ》めて待たなければなりません。

行きつ戻りつの動物たちの一頭が無事、下まで降りるのに成功すると、それに続いて大群が〝我れ先に！〟と降り始めました。しかし、ヌーの子どもや親たちも墜落死《ついらくし》したり、待ち伏せするワニに水中に引き込まれたり、対岸は動物たちの動きで砂煙がもうもうと立ち上り、岸辺では凄《すさ》まじい戦闘が繰り広げられるのです。

無事、水中にたどり着いたヌーたちはきちっと一列縦隊に並んで泳ぎ始め、私たちのいる岸辺に着くや否《いな》や、身体を震わせてピカピカに濡れた毛の水をプルルと振り落とします。その雫《しずく》はキラッと太陽を浴びて虹色に輝き、躍動感あふれる感動的な光景です。そして岸に上がると、草原の草を求めて猛スピードで走り出しました。

ヌーの川渡りは目の前で見ると圧巻

次々と続くこの動物絵巻の大スペクタクルに圧倒され、私は固唾《かたず》を呑んで見守るばかり。でも驚いたのは、川渡りに遅れ、対岸に残った仲間たちを必死に声を振り絞《しぼ》って呼び叫《さけ》ぶヌーたちの姿でした。なかには、仲間を呼びに危険な川に再び飛び込んで、逆コースで川を渡り戻っていくヌーもおり、その友情と仲間愛には人間も負けると思いました。

ヌーの川渡りとは、タンザニア側にいた草食動物たちが草原の草を食べ尽くし、草不足からケニア側の草地を求めて北上するため、長い、長い道のりをただひたすら一列縦隊で危険な川を渡っても旅するというものです。そして、ケニア側が草不足になると、逆にタンザニア側に戻る。この繰り返しなので、その時期になるとサバンナのあちこちで、今度は絵に描いたように動物たちの一列縦隊がアリのように何列も続く光景が見られます。

私はいつもこの動物たちは——とくに隊列を率いる先頭の動物は——どうして長い、長い旅路の目的地がわかるのか。ただ黙々と歩いているわけですが、先頭のヌーだけでなく、シマウマやそのほかの動物たちもまちがうことなく歩いて北上し、ケニア側に到着するのですから、生きるための本能は本当にすごいと感嘆《かんたん》してしまいます。

乾季と雨季のサファリ

以前、雨がなく水不足のひどい年にサファリをする機会がありました。水なしのサバンナは赤茶色の土ばかりでエサになる草などまったくなく、枯《か》れ果てた黄色い草ばかりで、大きな野生動物たちは水不足と飢えのせいであちこちにそのまま横倒れで朽《く》ち果て、骨に皮が少しだけ残っていたり、立派な頭蓋骨《ずがいこつ》も、背骨や四本足も、横に寝た状態で白骨化《はっこつか》したりしていたのです。惨憺《さんたん》たる状態に、私は目を奪われました。なかには、運よく生き延びている動物もいるのですが、これも運の善し悪《あ》しにかかるのでしょうか。よくアフリカの飢餓《きが》の状況がテレビなどで報道されますが、動物も人間と同じで食べ物がなく、痩《や》せ細って死んでいくのです。

乾季とは逆に、雨季のサファリは道がぬかって車がスタック（立ち往生）し、危険です。サファリではないですが、私は雨季に近づいたころにバスで南の地イリンガに行ったことがありました。車内はタンザニア人だけ。山道にかかる少し前、道はすでに降り始めた雨で水たまりがたくさんでき、そこを通るとき、車体は車の半分も水に埋《う》まり、まるで水車のように水を外側に撥《は》ねながら進むのです。田舎の道は簡易舗装なので、どれだけ整備しても重い大型トラックが何度も通過すると、すぐあちこち穴だらけになってしまいます。大きな水たまりが迫ってきたとき、バスは急停車。乗客がゾロゾロと続いて降り始めたので、私も皆に続きました。

するとり周の人たちが、ニコニコしながらこう言うのです。

「あなたは外国人だから降りなくてよいのです」

私がびっくりしていると、運転手さんまで笑いながら言いました。

「座っていなさい。あなたは皆よりずっと軽いから」

周りにいた人たち、とくにすごく太ったおばさんたちが大笑いしながら、「そうだ！そうだ！」とはやし立て、私を押し留《とど》めたのでした。

このタンザニア人の優《やさ》しさに私はすっかり楽しくなりました。スタックしないようにと皆はバスを降りたのでしたが、正直言うと、私は内心〝どうやってこのどろどろのぬかるみ道を渡ろうか。履き替えの靴は持っていないし〟などと浅ましくも考えていたのです。

サバンナの赤土は小雨が三十分降っただけでも表面がすぐにぬかるんでしまい、車が左右に一メートルも滑って極端に揺れたジグザグ運転が続き、非常に恐ろしかったサファリを覚えています。ドライバーも必死の形相で運転していました。サバンナの緩《ゆる》んだ地面ではあちこちの小道にぬかるみができ、私の乗った車はついにスタック。皆で降りてエンジンをかけても、地面はどんどんえぐられてタイヤは空回り。皆で押してもびくともしないのです。幸い、近くにサファリカーが来たのでワイヤーで引っ張ってもらったのですが、なんと、太い金属ワイヤーがプツンと切れてしまい、慌《あわ》てて予備のワイヤーで引っ張ってもらって、やっとぬかるみから脱出できたときは心からホッとしました。運が悪ければそのまま野宿になりかねなかったのです。

でも雨季のサファリが悪いとばかりは言えません。美しい虹が見られるからです。三百六十度見渡せる広大なサバンナで見られる虹は、地平線の端から端まで見事なアーチを描くのです。赤・橙《だいだい》・黄・緑・青・藍・紫と、初めて見た鮮やかな七色の大きな虹に私は歓声をあげ、見とれていました。すると、その虹の上に二つめの虹が並んで現れたのです。その美しさに私は茫然。でも、またその上に、三重に虹がかかったのです。その見事な色彩ショーは筆舌に尽《つ》くしがたいすばらしさでした。私は恍惚《こうこつ》の世界に浸《ひた》り、思わず英国の桂冠詩人ワーズワースの詩（「The Rainbow」）が浮かびました。

My heart leaps up when I behold. A rainbow in the sky:（私の心は虹を見ると躍る）
So was it when my life began;（小さいころもそうだった）
So is it now I am a man;（大きくなったいまも、それは変わらない）

ロッジの話

サバンナにあるロッジ（ホテル）は、どこも趣向を凝《こ》らし、欧米にはない建築で観光客を楽しませるように造られています。

あるロッジは、外から見るとマサイの家のような泥壁《どろかべ》の造りなのに、入口から一歩、中へ入るとモダンな様式。しかもマサイのビーズ装飾をふんだんに使ってあり、ベッドカバーや壁掛け、絵画、洗面所なども瀟洒《しょうしゃ》で、うれしさいっぱいになります。こんなロッジで見る夢は最高です。ほかにも、大きな岩山をいくつもつないで上手に使ったロッジや、小高い丘にあるプールつきのロッジには、各部屋の前に屋外ジャグジーのバスがあったり、点々と立つ一戸建ての客室へ行く道にエンジェル・トランペットのユリに似た白い花が延々と咲き乱れ、辺り一面に甘い香りが漂《ただよ》ったりしているという夢のようなロッジもあるのです。

また、ケニアには、一階が大きな柱の土台のみの空間で、二階の客室から真下を通る動物たちを見ることができる建物もあります。二階の大きなディナールームで音楽を聴きながら食事をし、目の前に造られた人工湖に集まってくる野生動物たちを見て楽しむこともできます。この人工湖までは地下道が掘られていて、そこを通り抜けると、湖に水を飲みに来る動物や水浴びする動物の姿を鉄格子越し《てつごうしご》に目の前で見ることができ、ワクワクします。この水には塩を入れていると聞きました。

雄大でいかにもアフリカといった雰囲気のロッジもあり、内装は優雅かつ野性的なインテリアで、欧米にもアジアにもないような工夫を凝らしたロッジが多く、アフリカの夜を楽しむことができます。また、テント・ロッジもあり、大きなテントの壁の部分には、ちゃんと小窓もあって、そこから外を眺めることもできるのです。

入口と反対側の奥にはテント布一枚の仕切りでトイレとシャワールームがあり、トイレは水洗ですが、シャワーは天井に水の入ったバケツが下がっていて、ひもを引っ張ると水が落ちるという原始的な仕掛けになっているものもありますが、それはそれで、野外生活を十分楽しむことができます。部屋には戸棚、ベッド、そしてベッドサイドテーブルなどがきちんと置いてあり、快適な夜となります。夜中に外で動物たちが動く気配が感じられ、動物の鼻息まで聞こえることもありますが、テントは頑丈《がんじょう》に作られているので安全で、危険なことはありません。

それぞれのロッジのディナールームはすばらしく、孤立した大きなディナールームもあれば、インテリアに凝ったディナールームもあります。観光客を集めるために、マサイビーズやアフリカ独特の布地を使ったアフリカならではのインテリアや壁掛け、絨毯《じゅうたん》、さらに変わった建築の天井もあり、立派な建物なのです。夜になると、いろいろなエンターテインメントが用意され、舞台では楽団が楽しい曲を奏《かな》で、食事を終えた宿泊客たちはフロアに出て、ダンスを楽しむことができます。プールサイドでは、従業員のボーイさんがホテルの制服からマサイの盛装へとガラッと着替え、あの高いジャンプのマサイダンスを踊って見せてくれるところもあり、楽しさが一段と増すのです。

サファリの食事

「サファリ・ロッジでの食事はどうですか?」

これは、友人たちからよく聞かれる質問です。世界中の大金持ちが観光客として多く訪れるのですから、食事は絶対に美味しくなければならないし、材料だって新鮮なよいものを使っています。特別な食材や数種類のアイスクリームなどは、首都または近隣の町からセスナなどの小型機で空輸されると聞きました。ロッジによっては周辺に野菜畑を作り、無農薬の野菜を使っているところもあります。洋風料理が多いのですが、シェフの腕もすばらしく、どの料理も美味しいのです。フルコースとビュッフェスタイルがあり、タンザニアの主食として有名なウガリ料理もシチューとともにテーブルの一角に置かれていますし、そのほかの現地料理も味わうことができます。

朝はバイキングスタイルが定番でアフリカのメニューもあります。アフリカならではの熱帯のフルーツが彩《いろど》りよく置かれ、果物の生ジュースやいろいろな料理が並びます。パンもトースト、クロワッサン、バターロール、胚芽《はいが》パンや黒パンなどさまざま。ソーセージやハム類、サラダにフルーツ、パスタも揃《そろ》っています。また、目玉焼き（必ず二個）、スクランブルエッグ、ポーチドエッグ、トマトの入ったオムレツエスパーニャなどの卵料

ホテルの朝食メニュー。幅広い料理をバイキング形式で楽しめる

理は特別なコーナーでシェフがオーダーに応《こた》え、その場で愛想よく作ってくれ、ゆで卵はきちんと温めて置いてあるのです。卵で私が驚いたのは、黄味の色がとても薄い黄色だったことです。これは鶏のエサの問題で栄養価には変わりがないとのこと。それまで「卵の黄味は真っ黄色」と思っていた私は、「味まで薄いのでは？」と思ってしまいました。

昼には、そのままサファリを続ける人のためのランチボックスが用意されます。ハム、ゆで卵、チーズのサンドイッチ、野菜ジュースやフルーツも付いてきます。このランチボックスは動物たちに襲われないように、見晴らしのよい小高い場所を選び、地面に降りて食べることが多いのですが、紙くずや残り物はきちんと持ち帰らないと罰金を取られます。こうした厳しい規則がたくさんあるのです。

かつて、そばに寄ってきた美しい色の羽根を持つ小鳥にパン屑《くず》をやっていたら、ドライバーが飛んできて、「それは違反行為だからすぐやめてほしい。ほかの人に見られたら通報され、あなたを乗せてきたドライバーである私がクビになる」と、慌てて忠告されました。

夜のディナーはロッジで肉か魚の豪華な洋食フルコースです。シェフたちが腕を振るう料理は美味しく、デザートもケーキやアイスクリームなど数種類が準備されています。「これが何もない、広い広いサバンナの真ん中でいただく食事か」と、我が目を疑うほどです。飲み物も豊富で、ミネラルウオーターや牛乳、コーラ、ジンジャーエール、ほかにも日本にあるような炭酸飲料はほとんどあり、輸入品も品数豊富です。

ワインも現地産のドドマワインをはじめ、各国から輸入したワイン、最近有名になってきた南アフリカのワインも備えてあります。ビールも輸入品のほか、現地産のタスカーやキリマンジャロなど各種あり、ウイスキーもいろいろあります。忘れてはならないのが現地産のコニャギ（サトウキビから作るお酒）ですが、さっぱりしていて美味しいと評判です。いまはきちんと瓶入《びんい》りの立派なお酒としてお店で売られていますが、昔は椰子《やし》酒同様、人々は自家製を作っていたようです。とにかく広いサバンナで野生動物を探し、夜はエンターテインメント付きの豪華な食事が楽しめるのですからこんな楽しいことはありません。

交通機関

この国の交通機関は自家用車がほとんどですが、飛行機もたくさん飛んでいます。もちろん、列車（ディーゼル）やバスもあり、最近は冷房付きもあります。長距離バスはあちこち運行しており、私も隊員時代、夜行のガタガタバスに八時間揺られて、アルーシャからダルエスサラームまで一人で戻った思い出があります。オンボロバスが真っ暗な山中で突然、故障してしまい、対向車などあるはずもなく、どうするのか心配していると、運転手さんが叫びました。

「だれか私を手伝って、故障を直してくれないか？」

すると、驚いたことにすぐに二人が手を挙げたのです。修理には長時間かかり、近くでハイエナらしき鳴き声が聞こえ、ちょっと怖くなりました。ようやく修理が成功し、バスが動き始めると、乗客全員が大拍手で「アサンテ　サーナ」（どうもありがとう）と叫んだのです。まるで家族のような温かさで、私はすっかりうれしくなりました。

次の停留所に着くと皆がバスを降りてトイレ休憩。真夜中でも営業している売店で熱いコーヒーを買って飲んでいました。おずおず降りた私に運転手さんが熱いコーヒーを手渡してくれたので私がお金を払おうと財布を出すと、ニコニコ顔でこう言ったのです。

「いらないよ、僕のおごり。僕のバスに乗ってくれた外国人さん！」

私は、思わず大声で「アサンテ　サーナ！」とお礼を言ったのですが、心まで温かくなり、その後はダルエスサラームまでぐっすりと眠ってしまいました。

現在、冷房車も走っており、夜間バスは禁止となっていますが、昔はのんびりと八時間、九時間とバス旅行。というよりも、安いお金で移動する方法は、ほかになかったのです。

前述のように雨季になると道路はぬかるみ、車がスタックしてしまうので、主要な交通手段は飛行機になります。私が最初にこの国に行ったとき、日本ではあまり見慣れない小型飛行機が国内の交通手段だと知り、「なんて贅沢《ぜいたく》！」と思ったのですが、四、五人乗りから十五～十六人乗り程度のセスナ機が使われるのは当然と頷けました。

汽車の旅

もちろん、小型飛行機だけでなく大型飛行機も飛んでいますが、それ以外の交通手段は列車やバスになります。昔は、英国植民地時代に造られた汽車が煙を吐きながらダルエスサラームからケニアのモンバサまでと、ドドマ経由でムワンザまで走っていましたが、いまはディーゼルに変わりました。

政府は二〇一五年に電化を計画、二〇一七年四月には標準軌道（一四三五ミリメートル）の電車に変えようと、ダルエスサラームから電化が始まりました。近くのモロゴロまでの開通を二〇一九年内に、その後、首都ドドマ、キゴマ、ムワンザまでの延長を二〇二一年までにと計画中です。ちなみに、一九七六年に中国の援助で完成したザンビアのコバルトと銅運搬が主目的のTAZARA鉄道（タンザニア・ザンビア鉄道）は狭軌のディーゼルカーです。

昔の汽車は英国式で風情があり、一等車は二人用で立派な洗面台とベッド（折りたたみ式）付き、二等車は四人用で段ベッド、三等車は個室ではなく、両側に席がある普通の車両で、いつも満員のことが多いようでした。

私は隊員時代に二等車に乗ったことがありますが、相席は女学生と若いママでした。夕方になると、立派な制服を着たボーイさんがやってきてベッドをセットしてくれ、快適な寝具で睡眠をとることができました。夜は寒いので毛布が必要なのです。食堂車ではボーイさんがナプキンを腕に下げてサービスしてくれ、フルコースの食事が楽しめます。かつては白人たちが大量の旅行カバンを持ち込んで優雅な汽車の旅を楽しんだ様子が見に浮かびます。田舎の駅では、水や食材を積み込むのか長時間停車。すると窓の外に地元の人たちが素朴《そぼく》な民芸品やフルーツなどを頭に乗せて売りに来るなど、この長い停車時間は、売り子さんと会話を交わす楽しいショッピングの時間となります。電化が完了後、時間があったらのんびりと、またこの楽しい電車の旅がしてみたいです。

でも、汽車の旅で困ったこともありました。ヴィクトリア湖南の町ムワンザから汽車でダルエスサラームへ帰る途中、南の町シニャンガとドドマの同僚を訪ねたときのこと。シニャンガの町は水不足で暇《ひま》なく停電や断水があり、厳しい生活を強《し》いられており、気の毒でした。ここからまた汽車で帰るため、友人二人に送られて駅に到着。駅といってもプラットホームもないような田舎の駅で、待っても、待っても汽車は現れません。週二本くらいの運行で、シニャンガを通過するのは夜の十一時でしたが、当時は電話回線も悪く、駅員に聞いても「何時に来るかわからない」とのこと。ほかの乗客たちは皆、乗用車で送られてきて車内で待っていましたが、私たち二人は外でただ待っているだけでした。現在は、この国の携帯電話事情は日本よりはるかに発達しているので、こうした列車の時刻も改善されていることでしょう。

この後、ドドマの町の同僚を訪問。このころは、タンザニアの中央に位置するドドマの地が、まさか将来、首都になろうとは夢にも思いませんでした（一九九六年に首都移転が中断し、現大統領になってから政府関係庁舎の移転が現在進行中）。

ヴィクトリア湖の舟旅

四国と同じくらいの面積を誇るヴィクトリア湖の西岸にはブコバの町があります。ここでは同僚の隊員が洋裁を教えていたので、私はムワンザから夜行の連絡船に乗って会いに行きました。ブコバの町に着くのは翌朝ですが、ヴィクトリア湖は海のように広くて対岸が見えないくらいでした。

私は早めに夕食を済ませ、大きな連絡船の三等席に乗り込むと、船内は家族連れの客でごった返していました。インド・パキスタン系の人も多く、そばに陣取っていたインド系の家族が集まって夕飯を食べるところでしたが、父親らしい男性が笑顔で声をかけてきて、「自分は日本が大好きです」「一緒に食事をどうぞ！」と誘ってくれたので、勧められるまま遠慮なくいただきました。どれもこれもカレー味でしたが、食材も料理法も違うので、まったく異なった料理に美味しく仕上がっていました。おそらく裕福な家族だったのでしょう。夫人も子どもも立派な金糸の刺繍《ししゅう》のあるサリーをまとい、イヤリングも指輪も全部金細工のものでした。日本に興味があるらしく、熱心に質問されたりして話が弾《はず》み、楽しい船旅となりました。

こうして船は早朝、無事ブコバの港に着岸。そこは空気がさらっとしており、美しい町でした。隊員たちの洋裁教室も見学できました。

ザンジバル島

内陸を離れ、今度は白砂と椰子の木に囲まれたインド洋沿岸の話に移ります。

まず、インド洋に浮かぶ香辛料で有名なザンジバル島。海には大きな帆船《はんせん》のダウ船が浮かび、たくさんのアラブ遺跡など見どころが多い観光地で、水泳、ボート、シュノーケリング、ダウ船のセイリング、スパイス・ツアー、遺跡巡り、タアラブ鑑賞などができます。そしてクローブ（丁子《ちょうじ》）、バニラ、カルダモン、ナツメグ、レモングラスなどの香辛料にあふれています。かつてはクローブ貿易で世界を率《ひき》いた豊かな島でした。

首都であるストーンタウンはタンザニアの七つの世界遺産の一つで文化の中心地、細い迷路のような路地が続くその町並みは二百年間変化がなく、一面にレリーフの施《ほどこ》されたザンジバル・ドアの家が並んでいます。アラブ風とインド風の模様の異なる木製の大きなドアで、昔は富を競い、真鍮《しんちゅう》の鋲《びょう》がずらっと並んだ豪華なドアもありました。

ザンジバルは、一九六四年四月二十六日にタンガニーカと合併し、タンザニア連合共和国となったのですが、その歴史は波瀾万丈《はらんばんじょう》でした。

最初に住んだのはアフリカ大陸から渡ってきたバントゥー系の人ですが、七〇〇年ごろ、インド洋の貿易風によってやってきたペルシャ人やアラブ人が沿岸部に住みつき、十六世紀から二百年間はポルトガル勢力が東アフリカ一帯を支配したのです。

しかし、一六五二年にはオマーンからやってきたアラブ人に侵略《しんりゃく》され、スルターン（君主）のサイイド・サイードが一八三二年、オマーンの都をマスカットからザンジバルに移し、奴隷貿易《どれいぼうえき》を行って島の権力、富、人口を増加させました。この非人道的な奴隷貿易に反対した探検家デイヴィッド・リヴィングストンはイギリスの世論に訴《うった》え、イギリスの圧力で奴隷貿易は廃止されました。一八九〇年にザンジバルはイギリスの保護領となり、一九一三年にはイギリスが権力を握《にぎ》りましたが、一九六三年にイギリスから独立。翌年にタンザニア連合共和国となったのです。

ザンジバルは本島のウングジャ島と、ペンバ島の両方を意味します。また、この島にはバートン、スピーク、リヴィングストン、スタンレーなどのヨーロッパの探検家がやってきて、ここから広大なアフリカ大陸奥地の探検を始めました。

この島には、本土とはまったく異なる島民の生活がありました。ココナッツから椰子油を作るため、ココナッツの殻《から》が大量に捨てられていて、道端にはレモングラスが群生《ぐんせい》。市場には魚、肉、熱帯のフルーツや野菜、そして香料があふれていて活気があり、土産物店にはカンガやキテンゲ、工芸品、アクセサリー、絵画などがありました。

悲惨な奴隷市場の跡地には一八七九年に建てられたキリスト教の大聖堂《だいせいどう》が立ち、名所旧跡も数多くあるので、一日では回り切れないほどです。国立博物館にはスルターンや探検家たちの遺物がたくさん展示され、近代建築の宮殿「驚愕《きょうがく》の家」のほか、古い大きな砦跡《とりであと》には円形劇場もあって現在は演劇や音楽などのイベント会場になっています。かつて、イギリス紳士たちのクラブだったアフリカハウスは豪華なプール付きの瀟洒な建物で、現在はホテルになっており、ここのベランダから見るインド洋の景色はすばらしいものです。

また、郊外にはかつての宮殿遺跡も数カ所あり、ペルシャ風呂やハレムの跡や千人もの人が暮らしていたという宮殿跡、東アフリカで最も古いモスクの跡など、数え上げれば限りないほど名所が多いのです。夜は独特のアラブ音楽――日本の

奴隷市場の跡地に立つキリスト教の大聖堂（2017 年）

演歌にも似たタアラブ——の演奏会があり、劇場で楽しむことができます。
ザンジバル島はダルエスサラームから小型飛行機で二十分くらい。水中翼船《よくせん》もあり、気軽に行けるようになりました。

バガモヨとカオレ遺跡

奴隷貿易といえば、かつてタンガニーカからザンジバルへ運ばれる奴隷と象牙の中継地は、ダルエスサラームの北方海岸の地バガモヨでした。「わが心、ここに残す」(bwaga moyo) と奴隷たちが嘆《なげ》いた言葉がバガモヨの地名の由来と聞きました。

ここの浜辺には高さ二メートルくらいの鉄のポールが点々と続いていて、奥地から太い鉄の鎖《くさり》につながれて連れてこられた奴隷たちが逃げられないようにつないでいたそうです。そのポールの一・五メートルくらいの高さに付いているお椀《わん》のような鉄の器が奴隷たちの飲み水入れだと聞き、私は唖然《あぜん》としてしまいました。奥地から象牙などを頭に乗せたり、手で持ったりして、炎天下を歩き続けた奴隷たちに飲ませる水がこのお椀一杯だけとは！　皆で分けたらほんの一口、しかも背の低い人はやっと伸ばした手ですくってもほんの少ししか口に入らないではないですか！　私はいかに奴隷たちが冷酷《れいこく》な仕打ちを受けたのか、考えただけでも腹立たしくなりました。

バガモヨは歴史が古く、奴隷貿易廃止に努力した宣教師たちが活動拠点とした場所です。現在は、博物館が建てられて奴隷に関する資料や、鎖や鉄の足枷《あしかせ》などが展示され、海岸近くには遭難《そうなん》したデイヴィッド・リヴィングストンを捜しに行ったイギリスの探検家、ヘンリー・モートン・スタンリーの暮らした家も残っていて、私も手を合わせてその功績を偲《しの》んだものでした。

また、バガモヨには音楽学校があり、最近すたれてきた各部族の民族音楽とダンスの維持にも取り組んでいます。そして、このバガモヨから南に五キロのところにカオレ遺跡があり、この遺跡にはモスク跡も二つ残っていると聞きました。十二世紀ごろ栄えたアラブ都市は、残念ながらその後、ポルトガル勢力の到来により滅びてしまいました。

世界遺産のキルワ・キシワニ

ダルエスサラームから南に三百キロメートル離れた海辺に、世界遺産に登録されているキルワ・キシワニとソンゴ・ムナラの遺跡群があります。いまは木々に埋もれた廃墟《はいきょ》と化していますが、かつて、キルワの宮殿（城砦）には何千本ものロウソクが灯《とも》されていて一晩中灯《あか》りが消えず、この世のものとも思えぬほどの美しさで、アフリカで最も豪華な不夜城だったと言われています。キルワのフスニクブワ宮殿と十二世紀のソンゴ・ムナラのモスクはイスラム様式では最大の遺跡と言われ、モロッコ出身の旅行家であるイブン・バットゥータの旅行記『三大陸周遊記』や、十七世紀のイギリスの詩人、ジョン・ミルトンの『失楽園』にもこの島が登場するくらい有名でした。現在はいくらか修復され、再び観光地として注目を浴びていますので、私も昔の栄華を求めて行ってみたい気がします。

キリマンジャロ登山

サファリの最後は、やはりキリマンジャロ登山の話で締めたいと思います。

赤道直下に万年雪を頂くこの山は一八四八年、ドイツ人宣教師《せんきょうし》レプマンが外国人として初めて発見しました。標高五千八百九十五メートル。アフリカ一の高峰で、単独の山としては世界に誇る高さです。タンザニアに行く前には、私はこの山に登ろうなどという大それた気持ちなどまったくなかったのに、隊員たちがダルエスサラームに集まったとき、登山話に花が咲き、皆で登ろうということになったのです。賛成者は私を含め六人。皆、任地が異なるので集合場所はキリマンジャロ山麓《さんろく》のモシにあるキボ・ホテルと決め、すぐに予約を入れたのです。

私は登山靴もヤッケも何も持ってはいなかったし、ズボンも一着しかない状態でしたので、とりあえず友人からキャラバン・シューズを借り、パジャマのズボンの上に普通のズボンを重ね穿《ば》きし、一枚しかない長袖シャツと薄手のセーターを持参。ガタガタで座席も粗末なバスに八時間乗り、なんとか無事に麓《ふもと》のホテルに到着しました。

日本でよく目にする裾野《すその》から全貌《ぜんぼう》が写っているキリマンジャロ山の写真はケニア側のアンボセリから撮ったものが多いため、ケニア人はよく「キリマンジャロはケニアの山」と言いますが、この山は完全にタンザニア側にある山です。

なぜなら、この山は植民地時代、一八八五年にベルリン会議でイギリス（ケニア）がドイツ（タンガニーカ）のヴィルヘルム一世の誕生祝いにとプレゼントしたので、国境線がはっきりと決められ、タンザニアの山となったからです。早くからドイツ領となっていたこの付近はチャガ族の里で、肥沃《ひよく》な土地と水に恵まれ、コーヒーやサイザル麻の栽培がなされ、タンザニアの重要な財源となっています。日本政府もこの地に着目し、日本の援助対象として早くから専門家を送り、キリマンジャロの水を使って水田を作るというプロジェクトを始め、コシヒカリの水田作りに成功。コシヒカリとモシの土地名を合わせて

「モシヒカリ」と名づけ、近隣諸国にも輸出するほどの大成功を収めました。

キリマンジャロ山には峰が三つあります。いちばん有名なのは富士山に似た万年雪をいただくキボ峰（五千八百九十五メートル）、その東にマウェンズィ峰（五千百四十九メートル）、そして西側にはあまり知られていないシラ峰（三千九百六十二メートル）がありますが、一般的にはキリマンジャロ登山といえば、いちばん高いキボ・ピーク登山のことを指します。マウェンズィは厳しい岩山で崩れやすいため、現在は登山禁止となっています。

キリマンジャロとは現地の言葉で輝く峰。たしかに麓のマチャメの地に立つと、目の前に屏風《びょうぶ》のように巨大な青緑色の特別濃い色の山肌が立ちふさがり、その上にこの世のものとは思えないような純白の白い雪がくっきりと眼前に迫っていたのです。スイスのレマン湖で見た山々より迫力がある、あまりの美しさに圧倒され、私は思わず声をあげてしまいました。いまは温暖化や降水量不足で雪が少なくなってしまいましたが、当時は雪が本当に多かったのです。そのうえ、雲にさえぎられるので、この山の全貌を見るのは早朝のほんの数時間などに限られ、非常に難しいのです。

さて、翌朝の出発に向けてキボ・ホテルに隊員仲間が集まり、私はホテルで貸し出している寝袋やウインドヤッケを借りました。すでに外国人観光客の登山グループに貸し出されていたようでアノラックはなく、寝袋も靴下も酷《ひど》い品でしたが、仕方なく我慢。私たち六人にガイド、サブガイド、ポーターなど十三人、合計十九人の大部隊となりました。大人数でびっくりしたのですが、五日間の登山者の安全を図るために、地元の登山組合が規則を設け、登山者一人にガイド一人とポーター四人、さらに登山者が一人増えるごとに、ポーター二人を雇《やと》うことが定められていたのです。ポーターは私たちパーティーの備品や食料品、調理用具のすべてを運び、料理もしなければならず大変です。

何の変哲もない、のどかな林の中の山道を歩いていると、下山してくる人たちの中には、帽子にドライフラワーの花輪が飾ってある人とない人がいるので、その理由をガイドに尋《たず》ねたところ、「頂上登頂に成功した人には花輪、そしてできなかった人には花束が贈られるのです」と教えてくれました。「私も花輪がもらえたらなー」と、掻《か》きむしられるような息苦しさと寒さに耐えて歩き続けました。登るにつれて頭痛がひどくなるし、私は小型カメラ一つしか持っていなかったのに、それさえ捨てたくなるほどきつかったのです。

裾野の広いこの山は、最初から一歩一歩、歩かなければならず、登りに三日半、下りに一日半、合計五日の行程でした。この間、私たちは山小屋三軒に泊まったのですが、素泊まりで食事はまったく出されず、当時は粗末な小屋に板の段ベッド。寝袋が必需品でした。

コラム
チャガ族の民話

マチャメに行ったとき、そこに住むチャガ族の友人がこのキリマンジャロ山にまつわる古い民話を話してくれました。同じ山なのに、一つはなだらかで富士山のよう。もう一つはギザギザの荒い傾斜の厳しい岩山。そうしたことから、こんな民話ができたのでしょう。

◆キリマンジャロ山の二つの峰の形はなぜ違うの？◆
キボとマウエンズィ

昔々、チャガ族の村に二人の姉妹が住んでいました。姉の名前はキボ、妹の名前はマウェンズィ。姉のキボは、妹のマウェンズィの家より山側の高いところに住んでいました。

ある日、マウェンズィがお昼ごはんの支度に台所に行くと、炭火がすっかり消えていたので、

「キボ姉さんのところに火をもらいに行こう」

と家を出ました。

キボ姉さんの家に着くと、姉さんはチャガの人々の好きなバナナ料理キタワを作っていて、ちょうど美味しくでき上がり、ヨーグルトを入れていました。

「こんにちは、お姉さん。料理をするのに火種が消えていたので火をもらいに来ました」

「ちょうどいま、キタワができたから、少し食べていきなさい」

「ありがとう。お姉さんの料理は、さぞ、美味しいでしょうね」

マウェンズィはキタワを食べ、姉さんが用意した炭火をバナナの葉に包み、家を出ました。

でも帰り道、お姉さんのキタワがあまりに美味しかったので、どうしても、もう一度食べたくなり、キボ姉さんの家に戻り、こう言いました。

「お姉さん、歩いていたら、せっかくもらった火種が消えてしまいました」

「それは大変！　ではまたあげましょう。キタワも、もう一度食べてからお帰りなさい」

キタワを食べたマウェンズィは、また火種をもらい、家に向かいました。でも、マウェンズィはもっとキタワが食べたくて、小川の水で火種を消し、キボ姉さんの家にまた戻りました。

お姉さんは気の毒がって、また火種をあげ、残っていたキタワをごちそうしたのです。

「美味しい！」

大満足で帰途についたマウェンズィでしたが、まだキタワが諦めきれず、今度は三度目。「小雨が降ってきて火種が消えてしまったから」と言い訳をしたのです。

すると妹のずるさに気がついた姉は、「何てずうずうしい。またキタワを食べに来たのでしょう」と、近くに置いてあった長い大きな木杓子《きじゃくし》で、妹の頭を何度も、何度も叩《たた》いたので、マウェンズィの頭はギザギザに割れてしまいました。

怒ったマウェンズィは家の中に入り、キボ姉さんの頭にキタワの入ったボウルを逆さに被《かぶ》せたので、姉さんの頭はキタワで真っ白になりました。

そのせいで、いまもキリマンジャロのキボ峰の頂上は真っ白（雪）で、少し低いマウェンズィの頂上はギザギザの岩山になったのです。

～おしまい～

最初の夜はマンダラ・ハット（二千七百七十メートル）、第二夜はホロンボ・ハット（三千六百七十メートル）、そして第三夜はキボ・ハット（四千七百二十メートル）、下りは同じルートでホロンボ・ハットに泊まり、そこから一挙に下るのです。低い平坦《へいたん》な道ならよいのですが、なにしろ高度が高く、上に行くほど寒さが厳しく酸素は薄くなるのですから、頂上までの雪中の登りはかなり厳しい登山なのです。

初日に泊まったマンダラ・ハットは石造りの簡単な小屋で鉄パイプのベッドがあるだけで、午後は霧が横殴《よこなぐ》りの雨となり登れず、震えるほどの寒さで寝袋に潜り込み、夕飯まで一寝入り。電気も暖炉もないのに夕食メニューはポタージュスープ、ご飯、肉、野菜、フルーツの缶詰のデザート付きという豪華なフルコースで、ポーターたちに感謝しました。

翌朝は八時出発。ホロンボ・ハットをめざして歩き始めたのですが、風景は一変。丈の高い木は見当たらず、サボテンのような一メートルもある植物と高山植物ばかり。そしてカサカサに乾いたドライフラワーの貝殻草《かいがらそう》が咲き乱れる高原を越えると、白茶けて乾燥した土や岩の世界に入り、人影もまばら。外気は冷たいのですが、紫外線は強く、みるみる皮膚が焼け、大変な痛みで苦しみました。なだらかな起伏でも高度はすでに富士山の頂上くらい。気温も気圧も低いので、高山病なのか頭が痛く、歩行もままならず。さらに、皆、登る速度が違うため、私はだれもいない孤独感に襲われたのですが、同時に「この雄大な山にたった一人で立っている」と思うと、妙な満足感も湧いてきて、風の香りと周囲の風景に感動していました。

そして私は、この地に住むチャガ族にも思いを馳《は》せました。タンザニアで現在の部族が形成されたのは一七五〇年代で、チャガ族もその一つ。二十を超す首長がこの山麓に陣取って、約二千人の部下とともに住んでいました。十八世紀になると東方に陣取るホロンボ首長はチャガ族最強と言われ、そのほかのチャガ族と土地の争奪戦を繰り返していたと言われています。でもチャガ族は他部族とは違い、戦うばかりではなく、キリマンジャロから流れ落ちる水で灌漑用《かんがいよう》の溝を掘ってバナナ畑を潤し、人々が公平にその水を使う規則を作って進んだ農業をしており、また外敵を防ぐため、円錐形《えんすいけい》の家の下に長い地下壕《ごう》を掘り、家畜を飼《か》ったり、調理場、物資の貯蔵庫、待避所などを完備したりして、生活の向上に努力していました。私の友人のマチャメの家が文化的な生活をしていたのも、この歴史を見れば理由がよくわかります。

一八四五年にはマチャメとキレマの首長が権力を握り、その後はモシの首長マンダラ(リンディ)、キボショのシナ首長、マラングの若首長マレーラと続き、一八八五年にドイ

ツ人がこの地に入ると部族相互の争いは終わりを告げたのです。ドイツ領の後は英国領となり、一九六一年十二月、タンガニーカが独立しましたが、それまで多くの人々の血が流されました。

キリマンジャロの三つの小屋はキボ・ハットを除いて、ビスマルク・ハット、ピーターズ・ハットとそれぞれ外国人の名前が命名されたのですが、独立後、ビスマルクはマンダラ・ハット、ピーターズはホロンボ・ハットと改名されました。

二日目に泊まったホロンボ・ハットは、マンダラ・ハットより質素で、段ベッドは木造でマットは見あたらず、粗末な小屋でした。昼食をとり、前日同様、寝袋に潜り込み、目覚めたときの夕陽は圧巻でしたが、濃霧《のうむ》とともに増してきた寒風に耐《た》えられず寝袋に戻りました。全員頭痛に悩まされ、想像もできない寒さで眠るどころではありません。

その日の夜食は前夜のフルコースとは違い、芯が残ったご

キリマンジャロの山。キボの峰（左）とマウェンズィの峰（右）

飯とわずかな副食だけでしたが、「体力維持のため」と一生懸命食べたのです。ガイドは私たちの頭痛を心配し、アスピリンを一錠ずつ飲むようにと配ってくれました。

翌朝も八時出発。皆、頭痛をこらえて一路キボ・ハットへ向かいました。わずかに咲いていた花々も消え、殺風景《さっぷうけい》な岩と砂利の目立つ半砂漠状態で、キボとマウェンズィの峰が真っ白に輝いて見えました。足を引きずりながらやっと歩いていくと、砂漠のような平原の先にポコッと地面から生えたように雪に覆《おお》われたキボ・ピークが立ちふさがり、その麓にピカッとキボ・ハットの屋根が見えたのです。でも、行けども行けども、小屋は遠く、暑さで喉《のど》はカラカラ、息も絶え絶え、少し歩くともう休みたくなってしまいます。鼻呼吸だけでは間に合わず、口も開いて息を吸い込むのですが、一段と頭痛が増してきて、小屋が蜃気楼《しんきろう》のように揺れて見えました。

やっと小屋に近づくと、ポーターの一人が飛んできて、「よく頑張ったね!」とレモン水の入ったコップを差し出してくれ、一気に飲み干《ほ》すと美味しいこと! その味はいまも忘れられません。

その夜は強風で、入口のドアの隙間から冷風が吹き込み、小屋は狭くて火の気がなく、寝袋に入ると激しい嘔吐《おうと》に襲われ、翌日の頂上アタックが思いやられました。

午前一時、ウインドヤッケをすっぽりかぶり、暗闇で身支度を整えましたが、どこもかしこもカチカチに凍っていて、手がしびれ、スカーフも満足に結べず。気圧が低いため、頭痛で食欲もまったくなく、朝食はオートミールを一口だけ喉に流し込みました。

私たちは、高山病の一人を残し、五人で出発。ガイドを先頭に、サブガイドをしんがりに、一列縦隊で小屋を後にしたのです。すぐそこには氷河があり、アイスバーンが現れてキャラバン・シューズでは滑り落ちそうになりましたが、神経を集中させて進みました。勾配《こうばい》は激しいのに垂直登りで呼吸がより苦しく、ガイドは五、六歩登ると少し休んではくれたのですが、心臓はいまにも破裂しそうに苦しく、呼吸は少しも整わず、マスク代わりに手拭《てぬぐ》いで口を縛《しば》ると、吐き出す息で凍り付いて空気を遮《さえぎ》り、ますます苦しくなって慌てて剝《は》ぎ取る始末でした。途中、岩穴で風を避けて三十分休憩。ガイドの用意してくれたチョコレートを口にしても疲労はとれず、ミカンを水代わりに、凍える手で皮だけを剝《む》き、そのまま口に放《ほう》り込んで再び、登り始めました。するとガイドは急にピッチを上げ、次々と先発パーティーを追い越し、トップに立ったのです。

苦しさに耐えかねて雪の上に大の字に寝そべったところ、「体が冷えて疲労が増し、死んでもいいのか」とガイドに注意されてしまいました。一歩一歩、足を踏み出すしかなく、私は「もう二度と山には登るまい！」と決心するほどのつらさでした。「まだまだ頂上は先」と思っていたところでちょっと小休止。するとガイドは

キリマンジャロの登頂に成功。ガイドと共に（1969年）

突然、そこが頂上だと宣言するではありませんか！

「え？　もう頂上？」と、私たちは半信半疑で、恐る恐る凍りついた雪の火口原《かこうげん》のエッジに立つと、内側に急傾斜に落ち込んでいる氷河と雪原に呑み込まれそうで、まさに「ここは頂上！」と実感が湧いてきました。狭いエッジを歩きながら、赤道直下の雪を踏みしめる満足感と頂上征服の喜びで、皆で顔を見合わせ、「よく頑張った」とお互いを褒《ほ》め合うと、いままでの苦労がすっかり吹き飛びました。

最近は温暖化と雨不足の影響で雪と氷河《ひょうが》が減ったと言われています。国連環境計画の発表によれば、ちょうど私が登った翌年（一九七〇年）に比べると、二〇〇二年には氷河面積が半分くらいまで縮小してしまったとのこと。でも、雪のないキリマンジャロ山なんて、私にとっては何の魅力もありません。あの雄姿《ゆうし》は雪があってこそなのです。

登頂の喜びもつかの間、寒さと疲労でその場に長居はできず、ご来光を待たずに歯をガチガチ鳴らしながら、下山開始。必死で登ったアイスバーンのあまりの急勾配に驚き、降りるのが怖いくらいでしたが、上ってくる登山者に、「おめでとう！」と祝福されるとうれしさいっぱいになり、「ご成功を祈ります」と大声で励ましました。下山途中、雄大な雲海の上に刻々と昇る太陽、見事なご来光を拝むことができ、幸いでした。

夢中で降りると、太陽が反射したキボ・ハットの屋根が下からピカッと光り、さらに降りるとポーターたちの笑顔が見えてうれしさも増し、小屋に入ったのは朝の九時。喜びを噛《か》みしめながら一時間ほど仮眠をしたのです。そして、さらに長い長い道のりを戻り始めたのですが、下りは前方からの太陽に照らされ、顔や手足は赤から黒に早変わり。歩いて、歩いて、やっとホロンボ・ハットに到着。この日の行程はこれで終わり。ガイドの差し出したサインブックにスワヒリ語でお礼の言葉を書いたら、非常に喜ばれました。

翌朝七時、痛む足腰に鞭《むち》打って下山。登りとは違い、途中一面に咲いている高山植物の花々、貝殻草などを摘みながら下山を続けると足底が痛くて、靴を脱ぐと借りたぼろ靴下には穴が開き、両かかとに二センチの底豆ができ、爪は二、三本残して全部紫色に変色していました。ほかの隊員も爪をだいぶ痛めていたようでした。でも、マンダラ・ハットでは待望の勝利の花の冠——貝殻草の花を蓮華の花冠の輪のようにしたもの——をガイドから贈られ、うれしくて、うれしくて、もう一度、白銀輝くキボ・ピークを拝んだのです。

やっと麓まで下山すると、長い道のりを歩いたものだと感無量。両足が痛んでも歩くしかなく、黒く焼けた肌からは皮がポロポロ剝け落ち、唇の周りには疲労からかアフタ（潰瘍）や水疱がたくさんでき、見るも無残な顔になっていました。寒かった頂上は夢のようで、住民たちは私たちの花冠を見て、女性だったからか驚きの表情に変わり、喜んで迎えてくれたのでした。

ベースキャンプのキボ・ホテルに着いたのは午後四時。観光局で出しているキリマンジャロ登山登頂成功を祝う証明書（ホテルの主人とガイドのサインの入った美しい模様の証明書）をいただいたうれしさは、忘れがたいものでした。シャワーを浴び、五日間の汚れを落とし、私たちのグループも解散。私はその夜、数人でモシからアルーシャに向かい、久しぶりにホテルのふかふかの暖かいベッドに身体を埋《うず》めて、登頂のうれしさを嚙みしめながら眠りについたのです。

翌朝起きると両足と、そして両足の裏にできた豆が痛いのなんの。唇は疲労からできたアフタと水泡が化膿《かのう》し、口を大きく開けることができません。マスクをすると、タンザニア人たちから「いったい、どうして口を隠すの？　口がないの？」と変な質問攻めにあい、散々《さんざん》でした。とにかく、食事をするのにも口が開かなくて、とても困りました。そんな状態なのに、普通の定期バスに乗り、ヴィクトリア湖のほとりの町ムワンザに向けて出発。大変な登山でしたが、私にとっては一生に一度のよい思い出で、そのときにいただいた登山証明書は、現在も私の寝室の壁にかかっております。

第５章 (Sura ya Tano)

アフリカの文化・習慣

Tamaduni na Desturi za Afrika

タアラブの音色に合わせて踊るアフリカの民族舞踊

美人の条件

ここからは、東アフリカの文化や伝統、習慣について、少しご紹介したいと思います。「タンザニアは美人が多い」と言うと、日本の皆さんは怪訝《けげん》な顔をして首をかしげます。そう言われてもきっと想像ができないことでしょう。でも本当に美人が日につくのです。海岸地帯のアラブ系美人や品のいい彫《ほ》りの深い顔立ちの見とれるような美人が多く、そのうえ、スタイルもよいのです。胸もお尻も大きいし、ウエストはキュッと締まり、姿勢正しく堂々と歩くので、なおさら美しく見えます。もちろん、すごく細い人や太い人もいますが……。

昔は細いと、その人の夫は、「妻に食べ物を十分与えていない」と非難されたとか。でも最近は、「太りすぎは健康によくない」と言われ、だれが広めたのか、「日本人は日本茶のおかげでスマートなので、お土産には日本茶を持ってきてくださいね」と頼まれることもあります。残念ながら、私は日本茶を飲んでも一向に細くはならないのですが……。

では、タンザニアの人々にとって美人とはどんな女性なのか。もちろん、顔や姿・形そのものの美しさもありますが、第一は肌の色。色白肌が美人の条件です。

ある日、東京でケニア人公使の家族に招待されたとき、高校生のお嬢さまが超美人だったので、「本当におきれいですね」と絶賛すると、「いや、この娘より姉のほうがもっと美しい」とスマホの写真を見せてくれたのです。私には妹さんのほうがはるかに美しく思えましたが、「ほら、こんなに色が白いでしょう?」とおっしゃるのです。アフリカの人々にとっては、色の白さというのがこれほどまでに大切なことなのだと感じました。

また、ケニアの女性たちと話しているとき、二人の外交官夫人がよく似ていたので、「お二人の区別がつかない」と言うと、「なぜ? 一人は色が黒く、一人は白いでしょう」と言われてとても驚きました。私はいままで黒色の違いなど、まったく意識したことがなかったのです。

また、こんな出来事もありました。タンザニア人留学生夫妻のお宅に招待されたときのこと。お目々がぱっちりとしたかわいい男の子が私たちを大歓迎してくれました。でも、少ししてタンザニアの友人がやってきた途端《とたん》、坊やはワーッと泣き出したのです。

するとパパが抱き上げて、困った顔をして私たちに言いました。

「普段は近所の日本人に囲まれているので、色の黒いタンザニア人が来ると私にくっついて泣くんです。親は毎日見慣れているので大丈夫ですが……」

この正直な説明に、私たちは何と答えてよいのか、言葉が見つかりませんでした。

とにかく、アフリカ人にとって肌の色がそんなに深刻な問題とは思っていませんでした。でも私だって、白人の世界に行けば有色人種として差別されているのですから、肌の色というのはとても難しい問題だと感じました。

二つ目の条件は、髪の毛が黒くて長いこと。なぜなら髪の毛は縮毛《しゅくもう》なので、そのままだと頭の地肌に縮み込んでしまい、伸ばしても長さは肩くらいなので、女性たちは夜、寝るときに三つ編みにし、少しでもまっすぐで長くなるように涙ぐましい努力をしているそうです。最近流行《はや》りの、頭上でアンテナ型に何十本も立てる三つ編みファッションや、頭の地肌にぺったり沿ってスイカの模様のように三つ編みにするスタイルもありますし、自分の髪の毛に美しい色の人工毛を混ぜて編んだり、ビーズや貝殻を毛先に編み込むヘアスタイルもあり、芸術的で見事です。びっしり編み込んだ髪形は一カ月くらいそのままほどかず、洗髪は結ったまま洗うとのこと。結い上げるのにも、細かい三つ編みなので数時間から丸一日かかり、その努力は大変です。年をとると、やはり白髪を気にして皆、染めていたのもちょっと驚きでした。

私はタンザニアで、大勢の人たちから、「ママ・ウノ、どんなヘアダイ（髪染め）を使ってそんなに黒くしているの？」と聞かれ、「染めていない」と答えると、「そんな嘘を言わないで」と悲しそうな顔をされてしまいました。肌も同じで、「どんな化粧品でそんなにすべすべの柔らかい肌を保っているのか？」と。

三つ目の美人の条件、それは驚いたことに太い大根足だったのです。ある会議中、机の対面の男性たちが、私の足のほうをじろじろと眺めていることに気がつき、会議が終わった後で、尋《たず》ねました。

「どうして私のほうを見ていたのですか？」

「これは失礼！　あなたの足は魚のお腹《なか》型、つまり、ふくらはぎが太く、足首が細くなっている足で美人の条件！　私たちは'Tumbo la samaki'（魚のお腹）と言うのです」

恥ずかしいやらうれしいやら。たしかにこの国ではインド・パキスタン系を含め、すごく太った女性が多いのに、足はまるで肉がなく、枯れ木のようにまっすぐなのです。太い大根足が美人の条件だなんて！　したがって大根足を持つ日本女性はまっすぐで長い黒髪だし、そのうえ色白なので、「美人揃《ぞろ》い」ということになるようです。

アフリカのファッション

ところで、皆さんはアフリカの女性がいかにおしゃれかをご存じですか？　テレビで映し出されるアフリカの女性たちの華やかで彩り《いろど》豊かな衣装を思い浮かべてみてください。私はタンザニアに派遣されるとき、服や布地は薄い色や細かな花柄など、品のいい色柄を選んで持参しました。でも、熱帯のアフリカは真っ青な空と真っ白な雲。そこにハイビスカスやブーゲンビリア、チューリップ・トゥリー（ユリノキ）など、強烈な赤やピンク、黄色の花々が咲き誇っていたので、私の選んだ色柄は見る影もありません。そのうえ、黒い肌に似合う強烈な原色を使った大きな柄のワンピースやカンガ（薄くて柔らかいガーゼのような布地で、端にスワヒリ語の格言がプリントされている）、キテンゲ（アフリカ独特の大判厚地の木綿生地）を頭からかぶったり、巻き付けたりして、堂々と姿勢正しく街中を闊歩《かっぽ》する女性たちの姿は、熱帯の風景にぴったりとマッチし、ギラギラ光る太陽がそれに輪《わ》をかけて鮮やかな光景を醸《かも》し出していたのです。

驚いたことに、昔からタンザニアには女性デザイナーがいて、ホテルなどでファッションショーが開かれており、そのデザインの多様性と奇抜《きばつ》さにびっくりしてしまいました。

いまでこそ日本でも流行ってきたアラジンパンツや広幅のパンタロン、頭からかぶるポンチョスタイルなど、大胆な色と柄をうまく組み合わせた斬新なデザインに圧倒されました。

私も早速、赤い柄のキテンゲの布地を買い求め、ワンピースを縫って日本にいる妹に送ったところ、「すてき、すてき！　これがアフリカのドレス？」と大好評だったとか。いまでこそベネトンやマリメッコなどのブランドがカラフルな布地や洋服を日本で販売していますが、半世紀前の日本人には度肝を抜かれるくらいの衝撃だったようです。

私の住んでいたころでさえ、欧米のデザイナーが「エスニック・デザインはアフリカから」というタイトルで、外国の新聞や雑誌のグラビアをにぎわせていたのです。

アフリカの料理

私は、友人たちから「東アフリカの人々の主食は？」「一般家庭の食事は？」と聞かれることがよくあります。私自身、タンザニアでの生活を始めたとき、まず食材を調べ、市場とスーパーマーケットに行きました。パンは食パンをはじめ何でも揃っているし、お米もありました。日本米のような短い粒のショート・グレインと、日本では外米と呼ばれるような長い粒のロング・グレインの二種類があり、外米のほうはピラフにすると美味《おい》しいのですが、粘《ねば》りがないので白いご飯には不向きです。といっても粘りのある日本米のような現地米はごみや石が入っていて、炊く前にそれらを取り除くのに時間がかかり困りました。アメリカから輸入したショート・グレインは値段が高くてあまり使えませんでした。

野菜はゴボウ、ハクサイ、大きな大根を除いてはだいたい揃っていて助かりましたが、当時、調味料の味噌《みそ》やしょうゆ、海苔《のり》などの日本的な食材はありませんでした。でも、料理は工夫次第。たとえば、食パンをちぎってビールと塩を混ぜて糠床《ぬかどこ》にし、漬物を作った隊員もいるし、米粒をしょうゆ（中国製）で炒《い》ってせんべい代わりにしたり、細いスパゲティはそうめんやラーメン代わりに使えるのです。海苔巻き寿司《ずし》は現地米でも粘りが少なく、まとまりが悪かったのですが、たまにいただく日本の海苔を週刊誌の上に広げてすだれ代わりに巻いたり、ハクサイの代わりにレタスを使ったらシャキシャキしていて美味しかったりと、人間すべて創意工夫、やり方次第で楽しく暮らせるものだと感じました。

タンザニアの代表的な主食はウガリです。ウガリとは鍋で沸騰させた湯の中に、塩も調味料もなしで白トウモロコシの粉を少しずつ入れて、しゃもじでぐるぐると蕎麦《そば》がきのように捏《こ》ねながら煮たものです。

お団子《だんご》くらいの硬さになったら大皿に丸く盛り上げてケーキのようにカットし、各自の皿に取り分け、ムチュズィ（シチュー）やムチチャ（ほうれん草のような緑野菜）の油炒めなどにつけて食べます。作ってみると結構難しく、力が要《い》るし、「ウガリがうまく作れないとお嫁に行けない」と言われ、捏ね方によってまったく味が変わってしまうのです。

お米も主食として、ココナッツミルクやサラダオイルを入れて炊くのが普通です。ココナッツミルクとはココナッツの実を二つに割り、実の内側の壁についている白く硬いところをンブズィという道具を使って削り、削ったおが屑《くず》のようなものに水を入れて搾ったもの。一番搾りはお米に、二番搾りはシチューやバナナ料理に入れて使うのですが、炊き上がったご飯は独特の椰子《やし》の香りがするので、日本人は苦手《にがて》かもしれません。お米は白米で食べるだけでなくピラウ（ピラフ）やビリアニ（肉や野菜を入れた炊き込みご飯）としても料理されます。

右は主食のウガリ、左はムチュズィ

そしてチャパティ。これはインド・パキスタン系の人の影響ですが、小麦粉をクレープのように油で焼いたもので、一枚一枚、それぞれ何か副菜を包んで食べるのです。また、バナナやキャッサバ芋（白い細長い長芋のようなもの）も主食代わりに料理されており、キャッサバにココナッツミルクを入れて煮たものはチーズのような味がして、私は大好きです。バナナ料理といってもフルーツ・バナナではなく、熟《う》れていない調理用でまったく甘くなくジャガイモのような感じなので、そのままぶつ切りにして、茹《ゆ》でたり、シチューに入れて食べます。つまり主食はウガリ、お米、バナナそしてチャパティで、人々が住んでいる場所によって異なります。また、キャッサバ、トウモロコシやさつま芋などは道端で焼き肉と同じように炭火焼きで売られていて、日本の焼き芋や焼きとうもろこしを髣髴《ほうふつ》とさせ、懐《なつ》かしく思いました。

パスタ料理も人気でした。ラマダン（断食《だんじき》）明けのお祝いに招かれると、最初は空の胃袋に優《やさ》しいデーツ（ナツメヤシ）の実と、ウジ（水分の多いウガリ、コーンスープのようなもの）に甘みやしょうが汁なども加えた飲み物が出されます。その後、タンビと呼ばれる、極細のスパゲティを柔らかく茹でたものを油で炒め、砂糖をかけた料理を出されたときにはびっくり！　あんなに甘くてベタベタしたパスタは初めてで、閉口《へいこう》しました。

鶏肉料理がいちばんの人気

そして副菜としての肉料理は、ニャマ・チョマ（焼き肉）という炭火でじっくり焼いた肉（肉といってもイスラム教徒は宗教上、豚肉は御法度なので牛肉やヤギ、羊肉が多い）です。仕事帰りに道路際の屋台で、炭火焼きして新聞紙で包んだ三センチくらいの角切り牛肉を塩とレモンで立ち食いしたことが懐かしく思い出されます。鶏料理もありますが、小ぶりの鶏の半身の唐揚げ（一羽の鶏を左右真っ二つに切って豪快《ごうかい》に丸揚げしたもの）で、小さな食堂などではご飯と一皿に盛り合わせたワリ・ナ・クク、または日本で見るような鶏の唐揚げにポテトチップを大量に合わせたものが定番メニューで人気があります。

肉料理は大人気でいろいろ料理法がありますが、鶏肉がいちばん高価です。これは欧米や日本のように鶏がブロイラーの大量生産ではないため、放し飼《が》いの地鶏一羽の値段が高いからです。牛肉は一頭からたくさん肉が取れるので安いのでしょう。ですから私が食事に招かれたとき、どの家でも必ず鶏肉料理で、鶏、鶏、鶏。たまには牛のステーキが食べたいと思ったものでした。逆に日本在住の東アフリカの人々は、「日本の鶏肉は歯ごたえがなくて美味しくない。地鶏が食べたい」とよくこぼしております。

屠殺《とさつ》してすぐの牛肉は肉が硬いため、柔らかく料理するには長時間かかり大変でしたが、イスラム教徒は生煮えの肉類を食べることも許されないので、ステーキのレアはダメ。そのため、正式にお祈りを済ませた肉を長時間煮る料理が多いのです。

そのほかの肉というとヤギや羊です。香料をたくさん入れて料理するので嫌な臭いは残らず、とても美味しいのです。一度、テント・サファリをしたときに、外で一頭のヤギを火の上でグルグル回し焼きして出されたのですが、日本人は一人も手を出さず、私だけ食べていたら、ドライバーや係のタンザニア人たちがびっくりして、「こんなに美味しい肉を日本人はなぜ食べないのか？」と言いながら、普段は口にできない丸焼きをもったいないと皆で喜んで食べていました。そして肉を食べ終わると、残った骨をそのテントの周りの空《あ》き地に放《ほう》り投げたので驚いたのですが、翌朝見ると、その骨はきれいさっぱり消えていて、ハイエナたちが食べたと聞きました。あの硬い骨まで食べるとは！　さすがサバンナの掃除屋といわれるハイエナの歯は強いなと感心したものでした。

羊肉といえば昔、ケニアの友人の母親を訪ねて、日本人の友人と一緒にヴィクトリア湖畔の村まで汽車・バス・タクシーを乗り継いで行ったことがあります。家主は私たちをもてなそうと、週一回開催されている市場に連れて行ってくれ、大きなヤギを一頭購入。哀《あわ》れなヤギは丸焼きにされてしまったのです。さらにソーセージも食卓に乗りました。いまは世界中、ソーセージは代用品の加工皮で、本物の腸詰めのソーセージなどめったに見られないことと思いますが、勧められるままソーセージを口に入れた途端、私は目を白黒！なんと、その腸の内側が洗い足りなかったのか、悪臭が！　たぶん、皆さまは腸の中身がおわかりのことと思います。

ウガリにつきもののムチュズィには、いろいろなスパイスが使われていて美味しいです。中味は牛肉、ヤギや羊肉の大きな角切り、魚だったらぶつ切りにした輪切りを、一度唐揚げしてからココナッツミルクを入れて煮込みます。タマネギ、ジャガイモ、ニンジンなどの野菜を加え、調理用で甘くない生のバナナを入れたものはバナナシチューと呼ばれます。味はトマトや香料を加えて塩だけで調《ととの》えます。好みで唐辛子も入れ、長時間煮込んだものはコクがあります。香料は、やはり香料の島と呼ばれるザンジバルのほうがたくさん使い、内陸の人たちはあまり使わず淡泊《たんぱく》な味を好むようで、唐辛子も西アフリカの料理に比べれば少ないです。

ウガリはムチュズィのほかにもムチチャを少量の玉ネギと一緒に油で炒めた塩味の料理とともに食べられています。

魚は火を通して食べるのが鉄則

魚は海の魚と湖や川の淡水魚に分かれますが、内陸の人は干物《ひもの》か燻製《くんせい》しか手に入りません。暑い土地で内陸には湖や川が少なく、生魚の入手は不可能なので、海や湖の生魚は腐《くさ》らないように干物や燻製にされることが多いのです。浜に上げるとすぐに砂まみれに並べられ、保存されているのをたびたび見かけました。

海の魚の鯛《たい》やトビウオも獲《と》れますが、魚は三枚おろしにはせず、そのまま胴を輪切りにして唐揚げし、それをシチューに入れて煮込むことが多く、唐揚げにして火を通して食べるのは、やはり腐敗《ふはい》を避けるための知恵なのだと思います。ダガーと呼ばれる湖の小魚は、日本の煮干しと同じで、これを塩味で煮込むだけで立派なおかずになります。乾燥してあるので日持ちがよく、保存食として大切にされています。

ヴィクトリア湖の淡水魚のナイルパーチという白身魚は、日本にもスズキの代用魚として輸入されていますが、かつて、湖畔のブコバのホテルで食べたこの魚のフランス風ソテーの料理は格別に美味しかったと記憶しております。

インド洋にはこのほかにもたくさんの種類の魚や海老、カニ、イカなどがいます。伊勢海老くらい大きな紫色の錦海老の刺身などは甘くて最高に美味しいですし、大きなハサミを持つカニもいて、生はもちろんですが、さっと茹でて塩味だけで食べても抜群に美味しいのです。

貝類もあり、小粒ながらオイスターと呼ばれる牡蠣《かき》も採《と》れ、外国人はレモンとタバスコを一滴落として生で食を楽しんでいます。また、顔幅が三十センチもありそうな巨大ナマズもいて、浜辺の屋台に並べて売られているのを初めて見たときは、グロテスクでギョッとしたものでした。

愛情のこもった家庭料理

サラダに関しては、玉ネギとトマトを小さく切って混ぜ、少しの塩とレモン汁をかけたカチュンバレと呼ばれるものがあるのですが、量は少なく、ほんの一口くらい

いろいろな野菜の煮物や魚料理

しか食べません。水不足と衛生面を考えてのことかと思いますが、この暑い国では昔から家庭で生野菜を食べることは少なく、新鮮な果物をたくさん食べればビタミンCは十分なのかもしれません。しかし、ホテルやレストランは例外で、ふんだんに生野菜のサラダが出されます。

このほか、インゲン豆や大豆、レンズ豆、ヒヨコ豆など、豆類の料理が多くあり、シチューもそうですが、豆料理にはふんだんにココナッツミルクが使われます。独特の匂いのするココナッツミルクをたくさん使った料理は、日本人には苦手な人も多いようですが、東アフリカ（ザンジバルや海岸地帯を除く）の料理は西アフリカの料理と違い、あまり香料や唐辛子を使わず、塩・コショウを使ったマイルドな味なので日本人向きだと思います。

おやつはマンダージ（あんこの入らない揚げドーナツ）や殻《から》ごと茹でたピーナツ、外皮をクルクル剝《む》いて半分に切ったマチュングヮ（オレンジ）などを大きくて平らなカゴに入れ、頭に乗せて売り歩く人々も街中の風情に彩りを添えます。また、サンブサ（サモーサ）と呼ばれる三角餃子《ぎょうざ》があります。味は中身によって異なりますが、もともとはインド系の人たちの食べ物で、香料たっぷりのジャガイモの中身が主流でした。いまはいろいろな具を入れたものがあり、私は牛挽肉《ひきにく》にパセリだけを混ぜ、香料を効かせたサンブサがいちばん好きです。ほかにも美味しいお菓子がたくさんあり、カスタードプリンは食後におしゃべりしながら皆で食べると、一段と美味しく感じられます。アイスクリームも町では昔から売られており、スーパーマーケットでは人気です。

アフリカはフレッシュなフルーツ天国

東アフリカには熱帯フルーツがたくさんあります。

まず、美味しいバナナ。日本では見たこともないようなたくさんの種類があり、小さな手の平ほどのモンキーバナナ、真緑色でまだ熟してないかと思われるような香りが高い細めのバナナも濃厚な味、また三十センチもありそうな長くて太いオレンジ色のバナナは、一本食べただけでお腹がいっぱいになりそうです。

また、あの有名な香りの強いドリアンはザンジバル産が多く、タンザニアでも結構高値。日本ではあまりにも高いのでなかなか口には入りません。強烈な匂いがするため嫌われますが、私は大好きです。

最近、日本人の友人が大きなドリアンを大事そうにリュックに背負って、我が家に持ってきてくださったことがあり、私は狂喜《きょうき》してしまったくらいです。

そしてジャックフルーツ（パラミツ）。これは一片一片がびっしり固まって詰《つ》まっていて、ねっとりとした甘さが何とも言えない美味しさなのですが、やはり香りが強く、かつて私が冷蔵庫に入れておくと、同僚から「臭い」と言われ、嫌われていました。

　私の大好きなマンゴーは最近、日本でも手に入るようになり、小ぶりで真っ黄色なフィリピンのゴールデン・マンゴー、一回り大きいタイ・マンゴー、メキシコ産の赤と緑色が美しい丸い形のアップル・マンゴー、これに似た沖縄産のマンゴーもあり、シーズンになると果物店をにぎわせます。最近では大学の教え子が沖縄

タンザニアのマンゴーは大きくてジューシー。シジャオナ大使と庭で

から、そしてタイ人の友人がわざわざ空輸で送ってくださり、満喫することができるのはうれしい限りです。

タンザニアにもアップル・マンゴーがありますが、私が好きなのは年末ごろが旬《しゅん》のラグビーボールのように大きな緑色のマンゴーで、かぶりつくと甘いジュースがしたたり落ちて美味しいのですが、残念ながら日本では見たことがありません。

私は、日本で高値のマンゴーを買ってみるのですが、現地で完熟した物とは味が異なるのでがっかりしてしまいます。タンザニアには青い小柄な丸い実のマンゴーもあり、硬いうちに皮を剝いて塩と赤唐辛子をつけてカリカリ食べるのです。同様に、パパイヤも生の青いうちに細く切ってサラダにして食べることができ、完熟パパイヤにレモンをちょっとかけて酸味を増して食べるのも、捨てがたい美味しさです。

完熟パイナップルやグァバ、グレープフルーツ、オレンジ、ネーブル、みかんに似たマチェンザやオレンジに似たマチュングワ、それに数限りないほどたくさんの種類がある大小のレモンなどはカチュンバレ（タンザニア風サラダ）にふんだんに使われます。どのフルーツもそれぞれに味も香りも違い、美味しくて、まさにフルーツ天国です。

結婚式

タンザニアの二年間でひときわ楽しかった思い出は、結婚式です。新しい人生の門出に招待されたときには、私は喜んで出席させていただいたものでした。

多民族のこの国では、結婚式のスタイルは部族や宗教によって異なりますが、盛大に行うという点では共通しています。昔は、同部族や家柄などで親の決めた人と結婚し、男性側が贈る結納金《ゆいのうきん》もお金だけでなく牛や羊などで支払っていたようですが、最近では恋愛結婚が増え、結婚式もすっかりさま変わりしたようです。

印象的だったのは、隊員時代の私の上司でもあり、親友ともなったミス・レンジュ（ウラサ夫人）の結婚式でした。ある日、彼女のお宅に招待されると、「今日は私のムチュンバ（婚約者）が来るの！」とうれしそう。玄関の呼び鈴が鳴り、ムチュンバが現れました。彼は英国留学から帰国したばかりの医師で名前はウラサ。想像どおりの立派な男性でした。すると、ミス・レンジュが、「私たち、近々結婚するの。ぜひ結婚式と披露宴に来てくださいね」と言うので、彼女の細いしなやかな指を見ると、銀色のマニキュアの輝く左の薬指に婚約指輪が輝いていました。

カトリック教徒のお二人は街の中心地の海辺通りにある古いゴシック建築の格調高い教会、セント・ジョセフで挙式しました。ポリス・バンドの演奏の中、英国から取り寄せ、私も手伝って少し直した立派な白のウエディングドレスを纏《まと》った新婦が入場。彼女はいつにも増して美しく、輝いて見えました。正面で迎える新郎は黒のスーツ姿。二人は神父様の前で宣誓と指輪の交換をして、式は無事に終了しました。

その後、披露宴会場に移動すると、建物の入口の広い階段では彼女の部族、チャガ族民族舞踊団が美しいカンガ姿で太鼓と音楽に合わせ、ダンスをしながら私たちを迎えてくれました。開発省の顔見知りのオフィサーたちも出席し、参加者はそれぞれすばらしい民族衣装やロングドレスで着飾っていました。チャガ族のダンスグループの先導で新郎新婦が入場、多くの方の祝辞の後はテーブルにずらりと並んだお料理を皆で美味しくいただき、楽しい披露宴となりました。

とりわけ興味深かったのはウエディングケーキで、これは生ケーキではなく、なんと部族伝統のンダフ（子羊の丸焼き）でした。新郎新婦によってナイフが入れられた後はシェフが切り分け、皆で一口ずつ味わい、全員が幸せな気分を分かち合います。披露宴がお開きになり、新郎新婦が退場する際には、紙吹雪用のちぎった紙を握《にぎ》った女性たちが小走りに近寄って、「お幸せに」と叫《さけ》びながら二人をめがけて投げるのです。私も紙吹雪をいただいたので急いで二人に投げかけると、二人とも本当に幸せそうな笑顔で、うれしさでいっぱいになりました。心温まる披露宴で、お二人の幸せを祈らずにはいられませんでした。

ほかにも、イスラム教の盛大な結婚披露宴も印象的でした。私が教える中央公民館の大きなホールで夜から開催され、私が到着したころにはすでに広いホールは数百人の祝い客で埋《う》まっていました。壇上のすてきなソファーに、アラビアンスタイルの新郎新婦が現れたのはなんと深夜の十二時過ぎ。祝辞が述べられ、それからが大変！　ザンジバルから呼び寄せたというタアラブ（アラブ風の音楽）の楽団が延々と音楽を奏《かな》で、歌手や参加者まで歌い、ホールを埋め尽くす人々が白い紙に包んだおひねり（ご祝儀）を手にひらひらさせ、次々と腰をひねって踊りながら、舞台へと移動し始めたのです。

その後、大量の飲み物やケーキ、フルーツなどが運び込まれ、すべての出席者に配られたので、私はその莫大《ばくだい》な費用に驚きました。宴《うたげ》は三日三晩続くこともあると聞いて、恐ろしくさえなりました。舞台下でダンスが始まると、皆が音楽に合わせて自由に踊り出し、ついに和服姿の私も黒いブイブイを着たおばさんに引っ張り出されて踊りましたが、昼の仕事に加えて夜の長時間の宴会にいささか疲労困憊《こんぱい》。こっそり逃げ出してしまいました。

ミス・レンジュの結婚式。着物で教会に駆けつけると「背中に背負っているのは何？」「そんなに締めて苦しくないの？」と人々から質問攻めに……

さて、いちばん最近の結婚式といえば、八年前（二〇一一年）に妹と出席したサロメ・シジャオナ駐日タンザニア大使（当時）のお嬢さまの結婚式です。このときは結婚式（新郎側が主催）を挙げる前に、結婚前に行う女性だけの集い（ここで花嫁は妻として、また母親としてのあり方を先輩から学ぶ）には間に合わなかったのですが、その後のプレウエディング（花嫁側が主催して行われる行事）の一つ、センド・オフ（花嫁を送る会）には出席することができました。

センド・オフは、セント・ジョセフ教会で午後三時半のミサから始まり、暑いのでパーティーは夜七時から市内のカリムジーホールの大庭園で開催。半分は屋根張りテント、半分は星空の美しい野外に十人掛けの丸テーブルをたくさん並べ、ワインやビールが林立します。参加者は五百人くらいですが、ほとんどがヨーロッパスタイル。女性はロングドレスかタンザニアの衣装で豪華絢爛《けんらん》、見ていて飽《あ》きません。昔の友人・知人たちとも再会しました。

中心の舞台に司会者が現れ、スワヒリ語で進める上品で垢抜《あかぬ》けた司会ぶりは圧巻です。そのはるか奥の建物前の長いテーブルにはたくさんの料理が並び、その脇には手を洗うための水のタンクも用意され、庭には大きなスクリーンがあり、司会者の様子が全員にわかるよう、四カ所のモニターに映し出されていたのでびっくりしました。
民族ダンスの後に花嫁が付添人と踊りながら登場。そしてフィアンセ（まだ挙式前なので花嫁花婿も予定者と呼ばれていた）が現れると、両サイドの親戚が舞台でユニークな掛け合いをして皆を楽しませる余興《よきょう》が始まります。
花嫁側「今日は娘を差し上げる」
花婿側「でも今日は連れて帰れない。故郷に行く汽車は二日後にしか出ないから」
花嫁側「でも娘の部屋はもう片づけたので引き取れない」
このようなやりとりの後、花婿側が大きな包みを花嫁側に渡して終了するので

シジャオナ家のセンド・オフ（2011年）

す。この包みの中身は花嫁衣裳で、タンザニアでは、花嫁の結婚衣裳は花婿側が用意するものだと説明され、驚きました。

その後は参加者全員が踊りながら一列になって、花嫁にお祝いの品や現金を手渡すのですが、行列は後を絶たず、兄弟姉妹、親戚から職場の人々までが翌日から使えるような生活必需品――食器や台所用品、トイレットペーパーなど――を手渡しているのには驚きました。寝具やベッドなど大きな品物は前もって自宅に送られると聞き、〝助け合いの結婚式〟ということを実感しました。

「この豪華なセンド・オフや結婚式はだれの費用で行われるのか」と不思議に思い、「貧乏な家の娘はセンド・オフはできないのでしょうね」と尋ねると、「とんでもない。結婚式は親族の一人が中心となり、親戚、きょうだい、友人や職場の人々の助け合い、つまり寄付金で賄《まかな》うのです。もちろん、両親も出しますが、一切を関係者が用意するので、どんな貧しい家の娘でもセンド・オフは行うのが常。これをしないと娘は肩身の狭い思いをしてしまいます」と教えられました。この答えに、タンザニア人がウジャマー（助け合い）の精神で暮らしていることを再認識しました。

娘から両親への感謝、神父様のお話などが続き、最後には皆で踊って、踊って、深夜の二時ごろまでセンド・オフの宴会は続いたのでした。

付け加えたいのはこの広い野外会場でのトイレのこと。建物は遠いので日本で見かける野外用の簡易トイレがずらりと並んでおり、なかにはペーパーから立派な洗面台、鏡までがついていて、日本の一般家庭のトイレよりも豪華なくらい。そのうえ、なんと床下には車がついた移動式トイレで、日本よりも進んでいると驚かされました。

結婚式はセンド・オフの三日後に、同じ教会で厳《おごそ》かに行われました。聖歌隊のコーラスをバックに、花婿から贈られたウエディングドレスを纏った花嫁が父親にエスコートされて入場。その姿は美しく、付き添いの子どもたちも盛装《せいそう》し、花婿も白装束に濃いピンク色のシャツで輝いていました。宣誓、指輪交換とヨーロッパスタイルの式は滞《とどこお》りなく終了しました。

披露宴は郊外の立派なホールで夜六時に開宴。出席者は二百人くらいです。三組の付き人（男性は白スーツにピンクのシャツ、女性はショッキングピンクのロングドレス）の先導で新郎新婦が入場し、ショッキングピンクの布と花で飾られた前方の高台に着席します。日本と異なり、両親は新郎新婦に最も近い上座に座り、次席は私たち。前方には大きなウエディングケーキが飾られ、その下には小さなケーキがあります。このケーキを新郎新婦がそれぞれの両親に感謝の気持ちとして手渡すと、今度はもう一つのケーキ＝銀紙に包まれたンダフがシェフと共に登場。すると、司会者が私のほうを見て、こう言ったのです。

「ほら、日本人がンダフに驚いている。今日は遠くから参加した彼女たちに、まず幸せを届けよう」

そして、新郎新婦は両親より先に肉の一片をフォークで私たちの口へと運んでくれたので、私はすっかり恐縮してしまいました。

ホールの両サイドに置かれた大きなスクリーンには教会での挙式や披露宴の様子が映し出され、ここでもプロのビデオカメラマンが二人、休みなしにカメラを回していました。美味しいごちそうや飲み物をいただきながら祝辞や挨拶《あいさつ》のスピーチを聞いていると、新郎側の親戚や友人たちが一列で踊りながら登場。お祝いの品々を新郎新婦に渡し、新郎の母親にもプレゼントを贈ったのです（ちなみに花嫁の母親にはセンド・オフより前の女性の会で贈るとのこと）。この日、母親が受け取った品物は親戚や友人に分けてあげるそうで、ここでも助け合いの精神が活きていました。

この日も皆でダンス、ダンス、ダンス。センド・オフと同様、深夜の二時ごろまで楽しい披露宴が続いたのです。

このセンド・オフや結婚式の模様はＤＶＤにして親しい方々にプレゼントするなど、まさに至れり尽くせり。私はいまもＤＶＤを見ては楽しかった結婚式を思い出しています。

昔は女子の結婚年齢は低く、街中でも中学生くらいの女の子が赤ちゃんを脇に抱《かか》えている光景（背中には背負わず、脇腹にカンガ布で肩から下げる）によく出会いました。イスラム教のためばかりでなく、女の子は早く嫁に出したほうが、結納金の牛などが早く手に入ってよいのかもしれません。結婚年齢は一九七一年には「男子十八歳、女子十五歳（ただし両親の同意が必要）」と定められたのですが、二〇一四年の憲法草案ではいろいろな宗教との関係が絡《から》み、はっきり決められなかったとのこと。現在、女子の約四〇％が十八歳未満で結婚しているという統計があるそうです。

東アフリカでは小学校や中学・高校の卒業時に全国共通の試験があり、パスしないと上級学校には入れないので、小学校卒業の試験に落ちた女の子は働く場所もなく、自然と結婚するという選択肢になってしまうのでしょう。また、中学生の妊娠問題も起こりがちで学業を続けられないケースが多く、国としては女の子には学校に戻ることを奨励《しょうれい》しているのですが、相手の男性が未成年だったりすると、結局は女の子の両親が赤ちゃんを育てることになり、社会問題となっています。

その半面、優秀な女子は高校卒業時の厳しい国家試験にパスし、大学に進学。卒業後に就職することで結婚のタイミングも遅れるため、大卒女子の結婚年齢は高くなっているようです。シングル・マザーも増加していますが、私の知る職業婦人は一人で立派に子育てをしています。やはり、タンザニアは男女平等で女性の地位が高いので、こうしたことが成り立つのでしょう。

とにかく、どこの国でもどんな人にとっても結婚は人生の重大問題ですから、だれもが幸せな結婚ができ、楽しい人生が送れますよう祈るばかりです。そして私は結婚式にお招きいただけたら喜んで、まさに人生の門出の若者たちに幸あれと祝福したいと思います。

バレンタイン・デーと町のにぎわい

最近のタンザニアの発展は目覚ましく、私の期待をはるかに上回り、驚きの連続です。高いビルが立ち、町並みは美しく活気に満ちています。昔は街中を走る車は広告だらけのボロ車でしたが、いまやその広告も消え、新品同様のきれいな車（といっても日本製の中古車が多いのですが）がスピードを上げて走っています。しかし、車が増えたせいか、町の中心街はものすごい渋滞《じゅうたい》。バス停には次から次へとバスが停まり、車掌《しゃしょう》が行く先を連呼すると乗客がどっと集まって乗り込みます。昔は朝暗いうちから道端に列をなし、すたすたと歩く人が多かったのですが、最近の人々はあまり歩かなくなっているとも聞きます。

あの一九七〇年代のオイルショック時代の生活に疲れた人々のギラギラした目つきはなくなり、道行く人々は活気にあふれ、カラフルなカンガやキテンゲ、またはモダンな洋服で、女性のおしゃれがとくに目立ちます。靴も洋服に合わせた色を履《は》き、ハイヒールにミュールも交じり、ヘアスタイルも一段と凝《こ》っていて、その種類の多さにも驚いてしまいます。「長い距離を歩くのに、ハイヒールで足が痛くならないの？」と尋ねると、「我慢、我慢、少しでも魅力的になりたいの」と笑いながら答えました。

市内の大通りの道端には縁日のように屋台がびっしり並び、時計、靴、シャツ、玩具、家庭用品や三輪車、ピアニカまで売られています。スーパーマーケットに入ってみると、商品が棚にいっぱいに並べられ、とくに高級品が私の目を惹《ひ》いたのですが、人々はメモを片手にカートに品物を山積みし、レジで気前よく大金を使っているのです。

マスメディアの発展も見事で、新聞も英語やスワヒリ語で発行されていて、紙面にはどのページにもカラフルな写真が美しく掲載されています。外国からの放送が簡単に入るので、テレビやラジオの番組も充実しており、フリルがいっぱいついたワンピースなどで着飾った子どもたちの参加する番組や、大人がたくさん参加するディベート番組もあります。

CMはカラフルで動きのある魅力的なものが多く、日本のCMよりよっぽどセンスがあり、見ていて飽きることがありません。二月になると、テレビではバレンタイン・デーのCMが次々と放映されて大騒ぎ。毎日のように〝愛する人にバラをどうぞ!〟ときれいなモデルさんたちが叫んでいます。日本と違い、バレンタイン・デーが近づくと、街頭のカード売り場にはボードいっぱいにすてきなバレンタイン・カードが陳列され、日本よりも大判で上質な紙を使い、絵柄もカラフルで美しく圧倒されます。

日本のバレンタインはチョコレート一辺倒ですが、この国はバラの花を贈るのがならわしなので、カード売り場の足元にはバケツに入った真紅《しんく》の瀟洒《しょうしゃ》なバラが一本ずつセロハン紙に包まれて売られています。男性だけでなく、とにかく〝愛する人にバラを!〟と言うので、なんだかチョコレートよりロマンチックな気がしてしまいました。

ある年の二月。ちょうどタンザニアを訪れていた私は町の中心にあるホテルに滞在し、治安のよい場所だったので、バレンタイン当日の夜、すぐ前に広がるシティガーデン・レストランで星を眺《なが》め、生バンドの演奏を聴きながらいろんな料理を楽しみました。周囲を見回すと、老いも若きもそれぞれカップルで楽しんでいて、さすがバレンタイン・デー!

日本のように義理チョコ渡しに明け暮れることなく、愛する二人がこうして仲良く食事しているなんて、この国がいかに平和かを象徴しているようで、何よりうれしいことでした。

ところが、大勢のウエイターやウエイトレスの視線が、一人で食事を楽しんでいる私のほうに集中している気配を感じ、水を運んできたウエイターにスワヒリ語で尋ねました。

「なぜ皆は私のほうを見ているの？　日本人だから？」

「あなたはバレンタイン・デーなのに、なぜ、今日は一人で食事をしているのですか？昨日は数人で来ていたのに、だんなさんはどうしたのですか？　病気？」

「それで皆が私のほうを見ていたのですか？」

この国の人たちの優しさと思いやりにうれしくなった半面、おせっかいにもびっくりしました。そこで私は、ちょっといたずらし、彼らをからかおうとしてしまったのです。

「あら？　そんなこと気にしてくれたのですか！　夫は昨日、ちょっとケンカしたので、一足早く帰国してしまったのですよ」

「皆、大変だ！　この人はだんなさんとケンカして、彼は昨日帰ってしまったそうですよ」

彼が叫んだ途端、近くにいたウエイターやウエイトレスが全員、お盆を片手に駆けつけてきたのです。後悔しても後の祭り。私は質問攻めになりました。

そこで私は、またまたいたずら心で、バカなことを口走ってしまったのです。

「この国にはベンツやプジョーを乗り回している大金持ちがたくさんいるじゃないですか。これからボーイハントをしなくては」

「よしなさい、ダメですよ。この国のお金持ちにはプレイボーイが多いから、あなたは不幸のどん底に突き落とされてしまいます。そんなあなたを見たくはありませんよ」

皆が私に詰め寄り、真剣そのもので延々と私にお説教をまくし立てたのです。

「わかりました。わかりました。皆さんの言うとおりにしますよ」

私がこう言うと、皆は心底ホッとした顔をして、「よかった、よかった」と納得してくれたのです。私はバカなことを言ってしまったと後悔すると同時に、「日本人だったら赤の他人のことをこれほど真剣に心配してくれるだろうか？」と日本の社会との違いを改めて感じ、いろいろ考えさせられました。いまでも私はこの日が来ると、自身の愚《おろ》かさを恥じるとともに、タンザニアの人たちの優しさを思い出すのです。

ムチャウィ（妖術師）とムガンガ（伝統薬草師）

スワヒリ語では、妖術師《ようじゅつし》（妖術を使って人を騙《だま》す悪い人）のことをムチャウィ（Mchawi）

と言い、正統派の薬草師《やくそうし》（いろいろな薬草を使って病を治す人、伝統的な正統派の医者のこと）をムガンガ（Mganga）と呼びます。ムガンガは漢方医で、現地でははっきり区別していますが、外国人は往々にして両方を同じように解釈してしまうので、ムガンガはムチャウィと混同され、さまざま非難されることがあります。アフリカには薬草・薬木、そしてそれらの花から蜂が集めたジャングル・ハニー（健康効果のある最高の蜂蜜《はちみつ》）があり、昔は首長や上流階級の人しか口にできなかった高級薬品だったそうです。東アフリカには中国以上に薬草・薬木があり、漢方薬の宝庫なのです。驚いたことに一本の木で四十種類の病気を治すという特別なアロバイニ（四十）という樹木も存在するそうで、副作用もなくてよいと思いました。でも、植民地時代にはムチャウィやムガンガは禁止されていたのです。

私はタンザニアに行く前からこのムチャウィには興味津々《しんしん》だったのですが、実際の現地ではムチャウィに会うどころか、話を聞くことさえありませんでした。

ところがある日、洋裁教室で、私が日本から持参した刺繍《ししゅう》の本が一冊消えてしまったのです。当時、タンザニアの女性たちは暇《ひま》さえあればコツコツコツコツ、手を止めず、小さなコースターやテーブルクロスから大きなベッドカバーに至るまで刺繍をしていました。

当時、まだこの国ではカラーの刺繍本は高嶺《たかね》の花でしたから、私が日本から持参した三冊の本はだれもがほしくてたまらなかったと思います。

そんな中で起きた紛失事件ですから、クラスの生徒たち——ほとんどが主婦たち——は皆、怒り心頭です。「せっかく日本から先生が持ってきてくださった本を盗んでいくとは何たる恥！」と早速、クラス委員が「明日、その本を教室にこっそり返してくれたら罰しない」と皆に伝えました。でも翌日になっても本は戻らず。その翌日も、そのまた翌日も、本は返ってこなかったのです。怒った委員たちはまた集まって相談しました。私も〝どうなることか〟と心配で、聞き耳を立てていました。すると、一人が叫んだのです。

「ムチャウィを呼ぼう！」

なんと、彼女たちが出した結論は、「夜中に皆でクラスに集まって暗闇の中でムチャウィを真ん中に車座に座り、両手のひらを前に差し出す。すると犯人の手には丸印がつく。それをムチャウィがチェックする」というものでした。

「やっとムチャウィに会える！ チャンス到来」と思った私はすっかりうれしくなり、「こんな機会はないので、私もぜひ参加しなければ！ でも、万が一、私の手に丸印がついたらどうしよう？」などと、くだらない想像をしてしまいました。

しかし、夜中の集会には鍵が必要なので、公民館の館長のところに行き、事情を説明しました。すると、館長は一言の下に却下《きゃっか》したのです。

「何を考えているのですか、皆さんは！　タンザニアはいまや立派な独立国。そんなムチャウィごとき変な迷信など信じたら近代化に遅れます。それに公民館の教室を夜中に開放などできません！」

こうして残念ながらこのアイデアは却下され、結局、私の刺繍本も返ってきませんでした。ムチャウィに遭遇《そうぐう》できる千載一遇《せんざいいちぐう》のチャンスを失った私の失望は大変なものでした。

その後、私はバス停で近所に住むサラリーマン――マラウィ出身で国連勤務のハンサムな青年――とおしゃべりが弾《はず》み、この出来事を話すと、彼は本気でこう言いました。

「それは残念。でもムチャウィは本当にいるのです。私が小学生のころ、いじめっ子がいて、いつも私はいじめられたので父親に言いつけたら、父は激怒して私に言いました。〝明日、その悪い子に仕返しをしてあげるから我慢して待っていなさい〟と。翌朝、私は学校に行き、教室で座っていると、私に近寄ってきたそのいじめっ子が突然、〝痛い！〟と悲鳴を上げたのです。驚いて見てみると、なんと机の脚が一本外れていて、その脚が彼の頭を殴《なぐ》りつけていたのです。クラスの皆は大騒ぎで、〝ムチャウィ、ムチャウィ〟と叫びました。私は〝これが父の言っていた仕返しなのか？〟とうれしくなりました」

私はびっくり仰天《ぎょうてん》！　やっぱりアフリカにはムチャウィがいたのだと思い、一人うれしさを噛《か》みしめました。次の日も、また次の日も、彼はバスに乗ってからも、私にいろいろなムチャウィの話を聞かせてくれました。

それからまもなく。バス停にやってきた彼は、「私は転勤で母国マラウィへ帰ることになりました。いつもいろいろ話ができて楽しかったです。さようなら」と言いました。

急なことでびっくりしましたが、「ムチャウィの話、いろいろ聞かせてくださってありがとう」とお礼の言葉を述べると、彼は「ごめんなさい。あれはみんな私の作り話です。あなたがあまりにも真剣な顔をして聞いていたので」と笑顔で謝《あやま》ったのです。私は我に返り、失望落胆《らくたん》。でも考えてみれば、そんな話はあり得ないと納得し、別れを告げました。

それから一カ月が経《た》ったころ、私の手元にマラウィから一冊の本が送られてきました。送り主はあの青年。同封された手紙には「本当にあなたを騙してごめんなさい。ここに『ムチャウィはいない』という本を送りますので、読んでください」と書かれていました。

それは教会関係で出版された英語の本で、たとえば〝夜中にカンカンと奇妙な音がするのはムチャウィやお化けではなく水道管が膨張《ぼうちょう》して変な音を出しているだけだ〟などといった話が載っていたので、私は一人苦笑するばかり……。お化けとはちょっと違うムチャウィの存在をすごく期待しておりましたのに……。

ムガンガの薬草の話となりますが、かつて、この国では化学薬品は輸入に頼っていました。植民地時代、ムガンガは原始的治療でよくないと蔑視《べっし》されていたのですが、いまは薬草や薬草成分が治療にたいへん効果があると証明され、高価な輸入薬品を使わず漢方薬を使おうとの動きが強いのです。ですから、いまは外国人が薬草を採取《さいしゅ》して国に持ち帰り、薬品を製造して高値で逆輸入させるのは不愉快だと反発していると聞き、無理もないと思います。

日本人の薬学者が昔、サバンナで研究していたとき、ゾウがある樹木に身体をゴシゴシ押し付けていて、ほかの動物たちも同じ動作をしているので気になり、その木の皮や幹の樹液を分析して調べてみたら、傷の治療成分が多量に含まれていたとのこと。動物たちがどうしてそれを知っているのか驚いたと、私に話してくださったことを思い出しました。

アフリカ映画祭でも、近代的な病院で治らなかった女性が、田舎のムガンガの治療で完治したというテーマの作品があり、漢方薬に力を入れていることがわかりました。

アフリカの美術

隊員時代、私の隣に住むジェンゴ先生はダルエスサラーム大学の教授で専門は情報学。でも趣味で油絵を描《か》いていました（第1章で詳述）。毎週末、彼の自宅には友人たちが描いた油絵を持ち寄って鑑賞したり、アドバイスしたり、にぎやかなサロンとなっていました。私は最初、タンザニアにこんなに多くの油絵愛好家がいるなどとは思ってもいませんでしたし、ご自宅の本棚に日本の浮世絵の大きな本がでんと構えていたのも驚きで、こんな遠いアフリカの国タンザニアで浮世絵が鑑賞されていたとは予想外でした。そのうえ、油絵のビエンナーレ展も開かれていたとはまったく知らず、認識不足を反省しました。

考えてみれば、アフリカ人のリズム感や色彩感覚は非常にすばらしく、優れた才能の持ち主が多いので、芸術作品が多いのも頷《うなず》けます。

コンドアの古代岩絵壁画

アフリカには、エジプトのピラミッドやジンバブエの石造建築群のほかにも、たくさんの古代人の岩絵壁画《いわえへきが》が残されています。ユネスコ世界遺産に登録されている有名な岩絵、たとえば、アルジェリアのタッシリ・ナジェール、ジンバブエのマトボの丘、ナミビアのトゥウェイフルフォンテーン、ボツワナのツォディロ、マラウィのチョンゴニの岩絵地域、南アフリカ共和国のマロティ＝ドラケンスバーグ公園、そして二〇〇六年に文化遺産として登録されたタンザニア中央、ドドマ州のコンドア地区にある洞窟《どうくつ》壁画があります。

このタンザニアの壁画は数千年にわたり蓄積されてきたこと、そして洞窟が地元民の伝統文化で重要な位置を占《し》め、成人の通過儀礼に使われており、聖地として崇《あが》められたりして住民たちと密接に結びついてきたことなどが評価され、世界遺産として登録されました。

とにかく、このコンドア地区には広範囲にわたってたくさんの洞窟壁画があり、合計百九十三カ所にも及びます。これらの岩絵は赤い絵と白黒の絵に大別でき、赤い絵は六千年も前にイチジクとエレファント・オイル（ゾウの油）を混ぜた絵具で描かれたもので、白黒の絵は蜂蜜と卵を練《ね》ったもので描かれており、いまから千五百年前に遡《さかのぼ》るそうです。

そして赤い絵には弓矢を持った狩人《かりうど》や羚羊《れいよう》やゾウなどの動物が多く、白黒の絵は家畜が中心となっていて、描いた人たちが狩猟《しゅりょう》民から牧畜民へと変化したことを表しています。

この地域には鉄の精錬所跡《せいれんじょあと》も発見され、年代調査の結果、千五百年前のものと明らかになったそうです。ほかにも絵の種類はたくさんあり、動物の絵にはゾウ、シマウマ、キリン、ヒョウ、サイなどがあります。狩猟民や踊っている男女、呪術医《じゅじゅつい》などの人間が描かれたものや太陽などの絵も見られます。

私もこの岩絵には非常に興味があるのですが、とにかく場所が遠く、十分な時間の余裕がないと無理なのですが、いつかこの壁画を見に訪れたいと思っています。

こうした壁画からもわかるように、やはりタンザニアの人々は昔からこうした絵画の才能があったのだと思います。現代のタンザニアの絵画、ジェンゴ先生の何とも言えない穏《おだ》やかで魅力的な油絵や、ティンガティンガ派の画家たちのセンスある絵にも頷けます。だからこそ、あの抽象画の巨匠、パブロ・ピカソやアメデオ・モディリアーニがアフリカの絵画や彫刻に魅せられて、同じように描いたのでしょう。

私はタンザニアに行くまでアブストラクト（抽象）絵画の原点がアフリカにあったということを知りませんでした。たしかに、アフリカの彫刻は大胆でいて細かく、プリミティブで、長い顔の仮面など、まさに抽象的で魅せられてしまいます。

ピカソは最初、古代のイベリア半島の芸術に惹かれていたそうですが、アフリカの伝統的マスク（仮面）を知り、ジョルジュ・ブラックとともに具象派から立体派（キュビズム）革命を起こしました。一九〇七年にピカソが描いた「アビニヨンの娘たち」がキュビズム革命の発端となったということは有名です。また、あのモディリアーニの描く長い顔を見ると、まさしくアフリカの長い仮面と同じでびっくりしてしまいました。

文学も同様で、スワヒリ語版のイソップ物語を読んだとき、前書きに「この物語はアフリカがオリジン」と書いてあったので驚きましたが、「なるほど！　ヨーロッパではあれだけたくさんの動物を題材にした物語は書けなかったのでは？」と思いました。

ティンガティンガ・アート

タンザニアではエナメルで描かれたポップアート、ティンガティンガが有名です。動物や植物、人間などをデフォルメした、奇抜でカラフルでとてもおもしろい絵画です。

私が初めてダルエスサラームに行ったころには、市の中心街の目抜き通りやホテルの外などで、雑に描かれた単純な動物やキリマンジャロ山、アフリカ人のダンスなどいろいろなテーマの絵がところ狭しと並べられ、夕暮れ時になるとジャスミンの花輪の首飾りの香りとともに売り子たちが絵を抱え、観光客たちを呼び止めて商売をしていたものでした。

そのころ、タンザニアの南、モザンビークからエドワード・サイディ・ティンガティンガ（Edward Saidi Tingatinga 一九三二〜七二）がダルエスサラームの町にやってきて、街じゅうで売られている絵画がコンゴ人の作品と知り、「自分でも描けるのでは？」と近くの工事現場にあった六十センチ角の建材メゾナイト板にペンキで絵を描いたのがティンガティンガの始まりと言われています。

貧乏だった彼は祈禱師《きとうし》に代金が支払えず、祈禱師の家の壁に絵を描いて支払ったそうですが、それを見た外国人たちの注目を集め、北欧で有名になりました。自信を得た彼は次々と絵を描き、やがて親戚の人々が彼を真似《まね》て絵を描き始めて彼らの画風が広まり、いつしかティンガティンガと呼ばれ、世界中で人気が出たのです。残念ながら、ティンガティンガは一九七二年、友人の車に同乗していて事故に遭《あ》い、四十歳で不慮《ふりょ》の死を遂げました。しかし、彼の亡き後も弟子たちはこの画風を継承し、世界中で愛されています。

ダルエスサラームのはずれにはティンガティンガ工房もでき、そこには百人もの作家たちの絵が並んでいます。最近では女性の作家も増え、すばらしい進歩だと感じます。

昔はメゾナイト板など、板だけに描いていたのですが、いまはカンバス布に描かれた絵も多く、観光客が巻いて持ち帰るのに便利になりました。また、お盆やコースター、お皿などに描かれたティンガティンガも売られており、観光客の注目の的。どれも愛嬌《あいきょう》ある絵柄なので、見ていて楽しく、ついほしくなってしまいます。

ティンガティンガ・アートの天才で「色の魔術師」と呼ばれていた故ジャファリー・アウシ（Jaffary Aussi 一九六〇〜二〇〇八）はたびたび来日し、日本各地の美術館で展覧会を開催。すばらしいグラデーションの上に描いた繊細《せんさい》で魅力的な絵。「大自然の中から動物たちの鼓動が聞こえる」とまで言われるアフリカらしい絵にはファンが多く、構図もしっかりとしていて芸術性が高く、ほかの作家には描けないよさを持っていたのですが、四十八歳の若さで他界。本当に残念でした。

現在、ティンガティンガ・アートの最高の画家と賞賛されているアブドゥル・ムクーラ（Abdul Mkura 一九五四〜）は、数年前までタンザニア大使館の後援で毎年のように来日し、集まった人々の目の前で描く「実演付き個展」は大好評でした。二〇〇五年には、私のタンザニア民話の絵本『タンザニア民話とティンガティンガ〜虹の七色どこからきたの？〜』の挿絵を描いていただきました。

『タンザニア民話とティンガティンガ〜虹の七色どこからきたの？〜』の本の表紙

私は当初、この絵本をタンザニアの民話として日本語で書いたのですが、版元（国際語学社）からスワヒリ語バージョンを勧められ、ムクーラさんはそのスワヒリ語の六話すべてを読んで絵を描いてくださり、光栄でした。彼は、ほかの作家の画風とは異なり、独特で繊細なゾウやサイ一頭だけの絵がとくに有名で、アメリカやオーストラリアにファンが多く、最近は中国でも有名になり、北京でも個展を開催しました。ティンガティンガの最長老画家として知られていたオマリー・アモンデ（Omary Amonde 一九四〇～二〇一五）の亡き後、ティンガティンガ工房では最高の指導者となり、後輩たちの育成をしています。

そしてもう一人、忘れてはならない作家に、故サイモン・ジョージ・ムパタ（Simon George Mpata 一九四二～八四）がいます。初期のシンプルな動物などのティンガティンガを世に広めた一人ですが、ケニアのマサイマラ国立保護区には彼の名前を冠したサファリ・ロッジがあり、作品が飾られています。一九九二年、日本人によって建てられたこのロッジは、ナイロビから西南西に二百八十キロメートル離れた断層崖《だんそうがい》の上に立ち、それぞれの客室の前庭に作られたジャグジー付きの風呂から眼下に広がる広大なサバンナの光景が見下ろせるのです。かつて、私もここでのどかな夕暮れの風景を楽しみました。

ティンガティンガ絵画特有のデフォルメされたユーモラスな動物や人間は、最初はまったくシンプルな形で非常に新鮮に思えたのですが、「こんな子どもが描いたみたいな稚拙《ちせつ》な絵」と軽蔑《けいべつ》されたりもしたようです。でも、だんだんと動物や人間が複数描かれるようになり、最近はたくさんの動物がキリマンジャロ山の麓《ふもと》に集まっていたり、風景画のようなイメージの絵が増えるなど、画風もかなり変わりました。さらに、最近のマンガブームの影響か、動物たちの顔もマンガチックなものまで登場していますが、私は個人的には、昔のシンプルな画風が好きです。

マコンデ彫刻

東アフリカには有名な芸術品のマコンデ彫刻があります。この彫刻は硬い硬い黒檀《こくたん》の木を彫るのですから大変な作業です。マコンデの作品には大小の動物、人間、シェタニ（精霊《せいれい》）、マサイ族の男女などを具象的に彫った置物のようなものと、大きなウジャマー（高さ一メートルもの太い木の幹に何十人もの人々があらゆる形態でつながっている彫り物）のタイプがあります。透《す》かし彫りもあれば透かしなしで表面にべったり彫ってあるものもあり、奇想天外、見事な作品が多いのです。ウジャマーとはニエレレ大統領の政策を指し、人間たちが皆で手をつなぎ、支え合い、助け合う社会を表していて、そこに彫られたさまざまな人々を見ていると飽きることがありません。もちろん、大きな動物たちの彫り物もあり、ゾウやキリンなど、高さ二メートルにも上る大作もあり、見事です。

さらに大きなオブジェの木彫り作品は、抽象的でダイナミック、見る人を幻想的世界に誘《さそ》います。これに似た技法はザイールや西アフリカ、そのほかのアフリカ地域やヨーロッパの作品にも見られるのですが、ダイナミックな力強さはマコ

抽象的で大胆な形がおもしろいと言われる東アフリカの有名な芸術品、マコンデ彫刻

ンデ独特のものとされ、数少ない東アフリカ芸術品の中で一段と光を放ち、欧米でも称賛《しょうさん》されています。最近は黒檀の木が減少傾向にあるので、「手に入れたいのならいまのうちに」と言われています。

ダルエスサラーム郊外のマコンデ村と呼ばれる場所には、間口一軒《まぐちいっけん》くらいの店が続き、店内の両側の棚には多くの作品が陳列され、床《ゆか》の赤土の地面にも足の踏《ふ》み場もないくらい木彫りが並んでいて壮観《そうかん》です。店の内外で職人たちがマコンデを彫っている様子を見ることができ、興味深い場所なので、足を運んでみる価値は十分あると思います。

この立派な彫刻を彫るマコンデ族は、もともとはタンザニアの南、モザンビーク北方に住んでいたのですが、モザンビーク独立運動などの戦乱を逃《のが》れ、隣国のタンザニア南部の高原地帯に逃れてきて住みつきました。

男性は皆、この木彫りを彫る芸術的才能に恵まれています。マコンデ族は伝統を守り、誇り高く強健、そして一人も奴隷《どれい》に売られなかった、めずらしい部族だそうです。昔は顔に幾何学的直線模様の入れ墨をしていました。以前、隊員だったころ、我が家の草むしりのアルバイトに来たこのマコンデ族の人が、一族にまつわる話をいろいろ聞かせてくれたことがありました。

マコンデの神話

昔々、まだ人類発祥前のこと。ある人間の形をした生き物が黒檀の木で女性の像を彫って太陽輝く丘に飾りました。翌朝、なんとその像には魂が宿り、人間となっていたのです。彼はその女性と結婚し、子どもが誕生しましたが、その子はまもなく他界。二人は嘆《なげ》き悲しんで別の地に移り住み、やがて第二子が誕生。しかし、この子もすぐに他界。二人はまた別の地へと移り住み、その後に生まれた第三子は元気に成長し、親子三人平和に暮らしたその子孫がマコンデ族の始まりです。マコンデ族は、いまも木彫りの人形に魂が宿り、人間となることを念じて彫っているそうですが、いまはこの伝説は薄れているようです。

いまも木彫りを見るたびにこの神話を思い出します。彫刻のスタイルにも流行があり、社会の変化に対応して形が変わるとのこと。私が七〇年代に行ったときは細く繊細な人形の彫刻が多く、飢饉《ききん》が多いのでこうした彫刻が流行るのだと聞きました。そんな背景があったとは驚きました。

マコンデ族には、彫刻だけでなく、ユニークな画風で有名なすばらしい絵を描く天才芸術家、ジョージ・リランガ（George Lilanga 一九三四〜二〇〇五）がおりました。残念ながら、糖尿病で両足切断という悲劇に見舞われ、他界してしまいました。昔は何度も来日して個展を開き、シェタニ（精霊）と人間の関係を描いた絵が好評でしたが、精霊たちを半抽象的にデフォルメし、大きな口や耳を持ち、全体的にピンクやブルーの明るい色を用いて、本当に愛らしい精霊に仕上げていたのです。

精霊は一見、人間と同じ様子ですが、目、耳、口などが特別大きく、手足の指は二本、三本、六本もあり、風景や勧善懲悪《かんぜんちょうあく》思想をテーマにしたものや、自然や大木の伝説など、リランガの絵はコミカルで非常に興味深く、見ていてとても楽しいのです。

私はリランガが来日するたびにテレビ番組でインタビューや通訳をし、彼の思想や心構えについて聞きました。「いつも夜寝ていると精霊が現れて、次に描く絵の題材や構造について教えてくれ、夢で精霊と会話もできて楽しかった。そして、翌朝早く目を覚ますとすぐカンバスに向かい、精霊が教えてくれた絵を描くのだ」と話してくれました。

昨年（二〇一八年）、リランガの孫、ヘンドリック・リランガ（Hendrick Lilanga 一九七四〜）が東京で個展を開催。彼はリランガの孫でただ一人、一九九八年に「リランガとサインしてもよい」と祖父のお許しが出て、後継ぎのお墨付きをもらったそうです。そんな彼が描く作品は、やはり魅力的な独特の画風で、優れた芸術家の一人として今後が期待されます。

ろうけつ染め（バティック）

芸術品としてもう一つ、ご紹介したいのはろうけつ染めです。タンザニアにもたくさんのろうけつ染めの布地があったのは驚きでした。

また、絞り染めも日本の着物の総絞りのような細かさはないのですが、逆に大きく大胆な模様を絞り上げた布はエキゾチックで魅力的です。色の感覚が私たち日本人とはちょっと違って、補色を上手《じょうず》に使った模様も私の目には新鮮に映りました。この大胆な絞り染め模様を肩から胸に使ったキテンゲで作ったアフリカ風のロングドレスはとてもすてきで、私も数着作って皆から大好評でした。ろうけつ染めを活《い》かしたコースター、テーブルクロスやバッグなど、いろいろな小物もあり、まるで和風の作品みたいで興味深いです。

とにかくタンザニアの人たちの衣装やアクセサリーを見れば、彼らには本当に芸術的センスがあることがわかり、それを使ったちょっとした日常品でさえ魅力的なものがたくさんあるので、ショッピングの楽しさは一段と増してきます。

アフリカの音楽

音楽に関しては、あまり私は自信がないのですが、まず伝統楽器を使った民族音楽がたくさんあります。民族音楽といっても、スワヒリ語にンゴマ（ngoma＝太鼓・踊り）という単語があるように、太鼓の音に合わせて身体や腰を動かす、つまり踊る（ダンスをする）という意味も含んでいます。

部族が百二十以上もあり、それぞれの部族が独自の民族音楽を持っていたので、その数は莫大《ばくだい》で、何かの集会があるたびに、あちこちで太鼓とダンスが披露《ひろう》されます。ダンサーは十～二十人くらいで部族により異なった衣装を身に着け、腰に布を巻いた上に腰ミノを巻いた部族や、カラフルなキテンゲ布で作った衣装を纏う部族などそれぞれ華やかで、単純な踊りの繰り返しなのですが、見ていて飽きません。また、結婚式には必ずといってよいくらい、新郎新婦にゆかりのあるプロの音楽グループが独特の衣装で民族音楽を演奏し、ダンサーがその音楽に合わせて踊ります。でも、最近ではこの民族音楽を伝承する人が少なくなってきたそうです。

ダルエスサラームの北方の海岸の町、奴隷の積出港としても有名なバガモヨには音楽学校があり、私が訪問した日には、大きな屋根付きの舞台の上で、学生たちが踊りの練習をしていました。学生たちはさまざまな部族の出身者なので、それぞれの民族舞踊をほかの学生が習い、伝統の民族芸能を維持・継承していくのだと説明されました。学校の外には立派な円形劇場があり、バガモヨは音楽芸術の聖地として名所になっているのです。

かつてこの学校で教え、後輩を指導していた音楽家、フクウェ・ウビ・ザウォセは歌も歌い、自分で九十センチもの長さのある特別なマリンバを作り、それを紐《ひも》で胸に下げ、美しい音色で演奏していました。この楽器はアフリカ各地で見られ、国や地方によって呼び方は異なりますが、伝統的な楽器の一つです。

存命中、ザウォセは弟子二人を連れ

タンザニアの音楽家であるザウォセ（右）はマリンバ（指ピアノ）とフィリンビ（笛）の天才奏者。7色の声を持つ歌手としても有名

て数回、来日公演を実施。私は栃木県や都内の公演では通訳をし、日光へも同行した楽しい思い出があります。本当に美しい音色を奏でる彼の演奏は、人々の心を惹きつけるすばらしいものでした。そして、この音楽学校に留学した日本人もたくさんおり、ザウォセから直接指導を受けた日本人女性ダンサーや演奏家のサカキマンゴー氏は、現在も日本各地で公演をしています。

また、タンザニアでは伝統的な音楽だけでなく現代音楽も盛んで、ラップやアフリカン・ポップスが町のあちこちで演奏されています。伝統音楽とは似ても似つかないモダンな音楽が好きなこの国の人たちは、エレキの伴奏でガンガンと音を響かせ、自動車の中でもボリュームを上げ、開いた窓から大音量で音楽が流れていました。

私の教えていた公民館の洋裁教室では毎日、隣のホールのジュークボックスの騒音に悩まされましたが、音楽は隣の国コンゴのほうが優《すぐ》れているとのこと。タンザニアも負けてはおりません。人気のあるミュージシャンもたくさんいますし、レコードもCDもたくさん出ています。以前、〝タトゥナネ〟というスワヒリ・ポップのグループが来日し、各地で演奏したことがありますが、ほかにもタンザニアやケニアからミュージシャンが来日して演奏活動をしています。楽しい音楽なので、ついつい身体が動いてしまいます。

それと忘れてはならないのはザンジバルのタアラブです。タアラブとはザンジバルの大衆音楽で、アフリカ、アラブ、ヨーロッパの文化の混合と言われ、十九世紀にザンジバル島とエジプトの音楽が融合してできた音楽です。アラブ音楽のエキゾチックさとインド音楽のメロディー、東欧のジプシーの哀愁《あいしゅう》感を含んだ混血音楽とも言われ、アコーディオンやバイオリンなどの楽器で演奏され、その音楽は日本の演歌に似ていると思います。

二〇〇七年、世紀の歌姫、故ビ・キドゥデがザンジバルの楽団「カルチャー・ミュージカル・クラブ・オブ・ザンジバル」とともに九十五歳で来日。私もこのとき、タアラブ演奏会に行き、元気なビ・キドゥデの歌声を聴くことができました。彼女は二十世紀初頭、タンザニアのタアラブ女性歌手第一号であるシティ・ビンティ・サードにあこがれ、十歳から歌い出し、二〇〇六年にはBBCワールドミュージック賞などを受賞しています。

ちなみにこのシティという女性歌手は、男性によってのみ宮廷内で歌われていたタアラブを初めて大衆化したプロの女性歌手として知られ、女性の自立を成し遂《と》げた人としていまも尊敬されている存在です。当時、携帯ラジオを持っていたタンザニアの男性たちは、ラジオのタアラブに聞き惚《ほ》れて一緒に口ずさんでいて、タアラブは欠かせない娯楽だったのだと思います。現在は廃止されていますが、昔は、青年男女は必ずナショナル・サーヴィス（一年間の軍事訓練）への参加が義務づけられ、共同生活をして毎日毎夜、銃《じゅう》の打ち方や体力増進の訓練、夜間行進などを行っていて、「娯楽は歌うことのみだったので、そこでいろいろな他部族の歌をたくさん覚えた」と知人から聞きました。

海岸の椰子の木の葉が風に揺れるホテルの庭で、煌《こう》々《こう》と照る月の下、アフリカン・ポップ・ミュージックを聴きながら食事を楽しんだり、踊ったりしたときの音楽がいまも懐かしく思い出されます。

タンザニアの土産品

東アフリカにはいろいろと興味ある土産品《みやげ》があります。有名なのはキリマンジャロ・コーヒーや特産の紅茶です。日本ではコーヒーに押され、東アフリカの国々の紅茶がとても美味しいことが知られておらず、残念です。タンザニアでも内陸のハイランドやヴィクトリア湖の西の高原地帯で生産される紅茶は、無農薬で味のよいこと。また、この紅茶は茶葉の形をとらず全部ＣＴＣ（細かい粒々）の紅茶で、真っ赤なポリフェノール量が多い飽きのこない味なので、英国風のミルクティーにすると抜群に美味しいのです。

私は教室で教えていたとき、生徒たちが「朝はチャイ（紅茶）一杯だけ」と言うので、

「なんと貧しい朝食？」と思っていたのですが、東アフリカの紅茶の入れ方はミルク半分水半分を沸かし、その中に砂糖を大量に入れ、茶葉を入れるというものなので、このこってりと甘い紅茶を大きなカップで二杯も飲んだら、ミルクと大量の砂糖で栄養満点。日本茶二杯とは全然話が違うのです。それにバターをたくさん塗《ぬ》った食パンとビタミンC豊富な大量の果物で完璧な朝食となるわけです。このようにタンザニアでは人にもよりますが、朝に飲むのは紅茶のほうが多いようです。一般に売られている有名なキリマンジャロ・コーヒーはブレンドしたものが多いのですが、最近は日本でも、産地直送の混じり気《け》のないキリマンジャロ・コーヒーが手に入るようになり、うれしい限りです。

コーヒーの産地キリマンジャロ山の麓《ふもと》、マラング・ホテルの近くにあるマレアレ夫人のお宅を訪ねたとき、夫人はすぐにフライパンを取り出し、ストックしてあるコーヒー豆を炒りはじめました。「どんな味が好き？」「濃い味ならダークに炒りあげますよ」と、美味しいコーヒーを一生懸命に用意してくださいました。部屋中に立ち込めるコーヒーの香り！　もうそれだけでコーヒーに酔いそうで、ここの人たちは皆こうして毎回、自分たちの好みの味に豆を炒って飲んでいるのはうらやましい限りでした。コーヒーの花の咲くころ、甘い香りに包まれるという経験を、一度してみたいものです。

タンザニアにはインスタントの粉末コーヒーもあり、とても美味しいのです。お店にはコーヒー豆の缶入りだけでなく袋詰めもあり、アフリカ風の布袋にマサイや動物などのカラフルな模様が貼ってあるものもあるので、アフリカ土産としても喜ばれると思います。コーヒー・紅茶のほか、バオバブオイルやカシューナッツ、マカデミアナッツなど、いろいろなナッツ類もあり、小物類やキテンゲの布地、洋服、Tシャツ、サイザル糸で編んだバッグや敷物、革製品などもたくさんあります。マコンデの木彫りの土産には、マサイ人形や巨大なゾウやキリンのほか、三センチくらいの小さな動物たちなどがセットで動物園ができそうなもので、これをソープストーン（石鹸石《せっけん》）で作ったものなどもあり、楽しいセットになっています。ほかにも、ソープストーンで作ったコースター、小皿、大皿、魚の形の皿や小箱など、工夫が凝らしてあり、色彩もカラフルなので見ているだけでも楽しくなります。また、民芸首飾りや腕輪、指輪、タンザニア特産のマラカイト（孔雀石《くじゃくいし》）のイヤリングやネックレスなど、アクセサリーのセットもあります。

もちろん、ティンガティンガ絵画もよいお土産です。コースターや小箱、お盆のほか、部屋の入口に掛けるような自分の名前をオーダーして描いてもらった五十センチくらいのネームプレートも人気があり、アフリカらしい模様のカンガやキテンゲもテーブルクロスにしたり、壁掛けにもできる人気商品です。これらの布で作ったバッグ類やドレスもすてきなので大人気。胸元や袖口一面に刺繍を施《ほどこ》すなど、華やかなドレスがいっぱいあります。最近では、こうしたドレスや男性の半袖シャツを着ている日本人もたくさん見かけるようになりました。柄や模様が大きく、色が冴《さ》えているのがアフリカ産の特徴です。

ホテルや空港の売店で土産物を選ぶのも楽しいですが、サファリの道中、道端に広げられている小さな売店でマコンデ彫刻やティンガティンガ絵画、小物類などをいろいろ見て回り、値段交渉をするのも、旅の楽しさだと思います。

サファリの道中の土産物屋

アフリカは宝石の宝庫

そして忘れてはならないものにタンザナイト（ブルーでサファイアに似た宝石）がありま す。この宝石の歴史はまだ浅く、一九六七年、ちょうど私がタンザニアに初めて行った年に、キリマンジャロの麓のメレラニ地域でマサイによって初めて拾《ひろ》われました。これに目をつけたニューヨークのティファニーがスコットランドの学者にこの原石の調査を頼み、ブルーに輝くことから「ブルー・ゾイサイト」と命名したのです。でも、「ゾイサイト」という名前の響きが「スイサイド」（自殺）に似ていてよくないとされ、神秘的なブルーがタンザニアの夕暮れの色だったことから、改めて「タンザナイト」と命名されました。

タンザナイトはほかの石とは違い、光の具合や見る角度によって色が違って見え、夜は紫色に輝くという不思議な宝石です。このメレラニ地域の鉱山でしか採掘できず、鉱床も少なく、限りあることから貴重な石とされ、ダイヤモンドより価値があるとまで言われています。八〇年代から世界中で有名になり、十二月の誕生石になりました。日本でも最近、宝石店や百貨店の宝石売り場で見かけますが、非常に高価なものなので、残念ながら私もまだ、この貴重な宝石タンザナイトを身に着けたことはありません。

また、タンザナイト以外にもルビー、サファイア、トルマリン、マラカイトといった多くの宝石が産出されており、外貨収入の助けになっています。ヴィクトリア湖の近くにあるムヮドゥイというダイヤモンド鉱山を見学したことがありました。大きな鉱山で、原石の研磨《けんま》なども見せていただいたのですが、目の前の庭に掘った後の土の大きなボタ山があったのが印象的です。そのころは工業用のダイヤモンドだということでしたが、いまでは用途も変わり、いろいろな装飾品があると聞きました。

グリーンの石、マラカイトは東アフリカの特産で、表面が孔雀の羽根の色に似ていることから日本では孔雀石と呼ばれていますが、最近は原石が少なくなっており、品薄だそうです。アフリカではあちこちの国に鉱山があり、いろいろな宝石類がたくさん産出されています。タンザニアでもいろいろな石が採掘されるようになり、宝石業界をにぎわせています。今後も外貨獲得の重要な産業となることを期待しています。

第 6 章 （Sura ya Sita）

友情こそ生涯の宝

Urafiki ndio Hazina ya Maisha

タンザニアの友人たちと懐かしい再会。右から著者、Dr.ジリー・マレコ、シジャオナ元大使、Dr.ムギンバ、エダ・サンガ夫人、ミス・ノエラ、妹の久美子（2017 年）

かけがえのない世界の友

「あなたにとって宝物は?」と聞かれたら、私は即座に「友だち」と答えます。この世によき友ほどすばらしいものはないと私は信じているのです。

近代化が進み、だれもが忙しく慌《あわ》ただしく、悪くすると〝お金第一〟に走る人の多いこの世の中で、心の通う純粋で思いやりのある友だちと一緒に過ごす時間は本当に楽しく貴重なものと、いつも大切にしています。幸い、そういう友人たちがアフリカにも、ドイツにも、タイにも、エジプトにも、アメリカにもいて、いつもメールや電話をし、そしてたまには遠い距離を飛んで再会を楽しむのは本当にうれしいことです。長いお付き合いとなったタンザニアにもこうした友人たちがいて、いつでも温かく迎えてくれます。また〝しばらくご無沙汰《ぶさた》しているな〟と思うころ、「どうしているの?」とメールが入るのです。

ウラサ夫人(ミス・レンジュ)

「タンザニアでよき友は?」と聞かれたら、協力隊員として首都ダルエスサラームに着いたときの開発省の上司、バシラ・ウラサ夫人(結婚前の名前はミス・レンジュ)と答えます。とにかく美人でスタイルがよく、聡明《そうめい》このうえなく、実行力・決断力が抜群。さらにユーモアがあって優《やさ》しい女性。要するに女性のすばらしさをすべて兼ね備えた人だったのです。仕事に関してはものすごく厳しい人でしたが、私と意見が合い、よき友人となりました。

彼女の家にもたびたび招待され、若き医師、Dr.ウラサとの盛大な結婚式にも招かれました。まだ子どもたちが小さかったころに訪ねたアルーシャの自宅は広々とした平屋で、庭にはカンナの花が咲き薫り、眩《まぶ》しい太陽をギラギラ反射していたのが印象的でした。

また、庭に立つと目の前に真っ白なキリマンジャロが聳《そび》えていたマチャメのご自宅にも何度もお邪魔し、Dr.ウラサがご

マチャメのウラサ夫妻の自宅で

健在だったころには、夜更《よふ》けまで一緒に昔話をし、アフリカに多かったエイズの状況に至るまで積もる話に花が咲きました。また、「長男が家を継《つ》ぐ」という民族の伝統に則《のっと》り、地元に二人で建てたというすばらしい二階建ての洋館や付属の施設――公共電力の停電に備え、家畜の糞尿《ふんにょう》を利用しての自家発電――も見せていただき、バナナ林を散策《さんさく》したり、楽しい滞在となりました。

がんの治療のためにDr.ウラサと一緒にロンドンに行ったときには、お金もなくなり、泣く泣く町をさまよっていたら英国人の見知らぬ老夫人に助けられ、「自分の別宅が空《あ》いているから泊まりなさい」とお手伝いさんまでつけてくれたことや、無事に退院し、帰国できたことなどを、うれしそうに話してくれました。その後、訪問したときにはすでにDr.ウラサは他界されており、寂しい限りでしたが、ウラサ夫人が地元の女性の地位向上のための婦人活動に励み、健気《けなげ》に頑張っている姿を頼もしく感じました。

私の夫が他界したとき（一九八六年）にも、彼女は「我が家に泊まりにいらっしゃい。何日でも悲しみが失《う》せるまで」という心のこもったお手紙をくださり、本当にうれしかったのですが、残念ながら行くことはできませんでした。

ところが、五年ほど前（二〇一四年）からパッタリと手紙やメールが来なくなり、三年前（二〇一六年）に突然、ウラサ家の医師の次女から、「母は強度の認知症になり、あなたの手紙を読むことができなくなりました。いまの母にできることは微笑《ほほえ》むことだけです」との衝撃的なメールが届きました。私は愕然《がくぜん》とし、体が震《ふる》える思いでした。頭脳明晰《めいせき》、愛情いっぱいで行動力満点のあのウラサ夫人が認知症とは！　想像することさえも恐ろしく、病気の深刻さに打ちのめされてしまいました。いまさらながら、「あのとき、お宅に行けばよかった」と後悔しています。あの美しく聡明なウラサ夫人ともう会えない。ユーモアたっぷりで辛辣《しんらつ》な会話をもう聴くことができないのかと思うと寂しくて悲しくて、「神も仏もあるものか」と恨《うら》めしくなりました。

サロメ・シジャオナ元駐日タンザニア大使

タンザニアから日本に来られた初めての女性大使で、定年後の夫君と一緒に来日されました。大使に就任する前はタンザニア国内で大臣として活躍された豪快《ごうかい》な女性で、たいへん優しく、思いやりのあるすてきな方です。二人は本当に仲のよいオシドリ夫婦で、ダルエスサラーム大学で二年先輩だったという温和な夫君とは大ロマンスで学生結婚をされたそうです。

彼女はいつも忙しかったのですが、空いている休日にはよく世田谷の大使公邸でタンザニア料理をごちそうになり、夕方までおしゃべりに興《きょう》じました。川越の我が家や千葉の従弟の家にもたびたびいらっしゃり、楽しいひとときを過ごしました。

ダルエスサラームにいるお嬢さまの結婚式（第5章で詳述）に招待されたときには、インド洋に面した大使の豪邸に二週間泊めていただき、楽しい思い出がいっぱいできました。ところが、結婚式が終わり、彼女が先に日本に戻られた後、夫君が突然倒れて半身不随に……。息子さんに付き添われて再来日した夫君は日本でリハビリを続けた結果、話す力だけはほとんど回復したのです。その後も家族ぐるみのお付き合いが続きましたが、大使の任期が終わり、別れを惜《お》しみつつ夫妻はタンザニアへ帰国されました。

四年前（二〇一五年）の七月、ＪＩＣＡ《ジャイカ》の招待でタンザニアを訪れた際にも、ダルエスサラームでシジャオナ大使夫妻や息子さんたちと再会したのですが、夫君はすっかりやせ細り、高熱や全身の腫《は》れなどで病院のＩＣＵを行ったり来たりするなど、体調が芳《かんば》しくなかったのです。夫君とお会いできたのはこれが最後。一昨年（二〇一七年）の春に他界されました。私は悲しくて、「そのうちお墓参りに行かなくては……」と彼女にメールを送りました。すると、「すぐ来てください。我が家に泊まればよいのですから」との返信に、その年の十月、妹とともにタンザニアへ墓参に行きました。

空港で迎えてくださった彼女と懐《なつ》かしい海辺の家に直行し、まず驚いたのは客間に襖《ふすま》一枚ほどの大きさの夫君の遺影が飾ってあったこと。ダイニングルームの壁には、それより一回り小さい写真が、さらに夫妻の部屋の入口には、額縁《がくぶち》の周りを花で飾ったもう一回り小さい同じ写真が掛かっていたので、「これなら寂しくないわね」と思いました。

翌日、息子さん一家や姪御《めいご》さんなどゆかりの人々も集まり、皆で墓参に行きました。ダルエスサラーム市内にある広大な墓地には、立派な大理石のお墓が並んでいて、その中に九十センチもある大きな夫君の写真入りの墓石があり、感激しました。私はこんなに広い埋葬地《まいそうち》を訪れたのは初めてで、あまりにも立派な墓石が並んでいることに、正直びっくり。墓前では、皆で賛美歌を歌い、お花を供《そな》えました。

「夫はいつもあなた方との出会いを喜んでおり、今日はさぞ感謝しているでしょう。ありがとう。あなた方が来てくださったので、やっと夫を天国へと送り出せた気がします」

彼女のこの言葉に、墓参ができて本当によかったと思いました。帰国してからも、「どうしているの？　またいらっしゃいね」とメールが入り、遠く離れていても私たちのことを心に留めていてくださることで心が通じ合うのは、うれしいことと感謝しています。

Dr.ジリー・マレコ（公使）

Dr.マレコは駐日タンザニア大使館で長年、夫のマレコ公使と一緒にお仕事をなさっていた方で、途中、マレコ公使が本国に転勤なさった後も日本で活躍されていました。彼女もまた頭脳明晰で優しい典型的なタンザニア女性です。日本での生活も長かったので、かなり古いお付き合いになります。

ある女性会議の折、高名な女性政治家などもご出席の会議でしたが、そこにパネリストのお一人として登壇されました。私は通訳として一緒に壇上に上がったのですが、どうしたわけか事前にうかがっていたテーマとは違っており、用意した原稿では対応できない事態となりました。しかし、Dr.マレコは顔色ひとつ変えることなく、変更されたテーマについて、その場で適切かつ明瞭《めいりょう》なスピーチをされたのです。私は、その落ち着いた態度とスピーチの内容に圧倒され、ますます尊敬したのです。

Dr.マレコは、かつて私がスワヒリ語の本を出版したときにも、とてもご尽力《じんりょく》いただきました（第3章で詳述）。そして、完成した本を全部ご自宅に保管してくださったのです。この本は後年、ＪＩＣＡの青年海外協力隊事業五十周年記念式典（二〇一六年）の折、参加者（タンザニア人と日本人およそ二百五十人）の皆さまへのお土産《みやげ》として差し上げました。

いまでも私がダルエスサラームに行くと必ず、ご自宅にお招きくださったり、ホテルで食事をしたりして、旧交を温めています。「いつまでもよい友人でいましょうね」とうれしい言葉をかけてくださる、お元気なDr.マレコにお会いするのは本当に楽しみです。

Dr.エダ・サンガ夫人

サンガ夫人は、ラジオ・タンザニアの女性アナウンサーでは最も評判の高い名アナウンサーでした。最初にお会いしたのは、私が協力隊員だったころ、「女性の時間」というラジオ番組にゲスト出演するためにダルエスサラームの放送局に行ったときでした。私にインタビューしたのは、別の二人のアナウンサーだったのですが、この出会いをきっかけにサンガ夫人は私のよき友になりました。

帰国してから、私はＮＨＫの国際放送で「スワヒリ語放送」に携《たずさ》わったこともあり、ますますつながりが深くなり、スワヒリ語の招聘《しょうへい》アナウンサーが日本に来るたびに、サンガ夫人はすばらしいキテンゲ（布地）をお土産として私に届けるようにと渡してくださいました。私はうれしくて、贈られたキテンゲを大切にタンザニアドレスに仕上げたのです。

私がタンザニアを訪問する際には、いつも放送局や別の場所でお会いし、楽しい時間を過ごしました。その後、サンガ夫人は放送局長になり、総選挙では国じゅうの選挙管理委員長になるなど、立派な仕事をたくさんなさっておりました。日本政府の招聘で来日されたときには、到着するやいなや「いつ、ママ・ウノに会えるのか？」と楽しみにしてくださっていたと通訳の方からうかがい、感激しました。残念ながら予定がいっぱいで昼食にご招待しただけで終わってしまいましたが、非常にうれしい日本での再会となりました。

いまでもメールで様子を知らせてくださり、私がタンザニアを訪れる際にいつも優しく迎えてくださるサンガ夫人はかけがえのない友人の一人なのです。いまは、ＴＡＭＷＡ（タンザニア・メディア女性協会）のメンバーとして大活躍。ご健康を祈るばかりです。

ムチュモ大使夫人

ムチュモ大使夫人は在日中、「日本人女性との交流を図《はか》りたい」との信念をお持ちで、〝国際理解を深めるため〟と自発的に栃木県内の主要都市で女性たちにタンザニア料理を教えられました。県の国際交流課の支援を受けたこの催《もよお》しは、毎週土・日曜日に違う都市の公民館で料理教室を開催。各三十人くらいの女性たちとの交流を図り、毎回たいへんな人気で大成功。また、県が地元の川で行われる鮎漁《あゆりょう》に招待してくださり、捕りたての鮎の塩焼きに舌鼓《したつづみ》を打ち、大使夫人が美しい声で上手《じょうず》にタンザニアの歌などをご披露《ひろう》くださるなど大人気で、楽しい交流が続いたおかげでタンザニアの知名度は高まり、私もうれし

栃木県の日光・華厳の滝を訪問したムチュモ大使夫妻と

かったです。残念ながら、この料理の講習会はその後、終了となってしまいましたが、たぶん、県内の多くの家庭がタンザニア料理に親しまれたことと思います。

また、栃木県はタンザニアから来日中の伝統音楽家を招いた演奏会を県内で開催してくださったり、音楽家の方々を日光にも招待されたりするなど交流に力を入れ、相互理解が深まったことは非常にうれしい出来事でした。

さらに、プライベートでも、ムチュモ夫人は二人のお子さま（当時、小学生の男の子と中学生の女の子）を日本人とアフリカの子どもたちの国際キャンプ（秩父《ちちぶ》青年会議所が主催）に参加者させるなどして、親子そろって大の日本贔屓《びいき》になり、楽しい会話が弾《はず》みました。

マレアレ夫人

在日タンザニア大使館が開設されてまもなく、マレアレ夫人は公使の夫君と一緒に来日なさいました。当時、日本では裾《すそ》広がりのパンタロンを穿《は》く女性が少なかったころのこと。やせ型のかっこよいマレアレ夫人はよくお似合いのパンタロンで颯爽《さっそう》と私たちの前に現れ、そのヨーロピアン・スタイルのあまりにもセンスのよい着こなしに私たちは驚かされたものでした。理知的で教養あふれる夫人は、日本の婦人会でも講演をされました。

私の母が調停委員をしていたことから、国立女性教育会館（埼玉・嵐山町）で行われた調停委員研修でもタンザニア女性についてお話しくださり、感銘を受けました。私も通訳を務め、ＮＨＫの取材も受けて好評でした。

夫君のマレアレ公使は酋長《しゅうちょう》の息子だったとのこと。帰国後はやはりキリマンジャロ山の麓《ふもと》、マラングのすてきな暖炉《だんろ》のある洋館に戻り、そこの教会で女性たちの地位向上のため、リーダーとして力を発揮されました。「農作業や家事、育児に追われる毎日から家庭の主婦たちを解放するには？」と考え、皆の集まる教会の一室を使い、保育園をボランティアで始めたのです。私が子どもたちのためのおもちゃをお土産として持参したところ、とても喜ばれました。キラキラと瞳《ひとみ》を輝かせ、おもちゃで遊ぶ子どもたちと、それを見守る母親たちのうれしそうな顔がいまも瞼《まぶた》に浮かびます。

マレアレ夫人がリーダーの地元の婦人会ではいろいろなコンテストが開催されるらしく、彼女は立派な表彰楯《たて》を持ってきて、そこに集まったこの地域の主婦たちと「私たちが優勝したのです」とうれしそうに見せてくださいました。タンザニアの上層女性が、貧しく低い立場の女性たちのため、損得《そんとく》なしに尽《つ》くしている姿はすばらしいと感銘を受けました。

マレアレ夫人も近代女性なのに、「夫君の家を守る」という伝統を守りながら、よく決心して地元に戻り、周りの女性たちの生活向上に努力していらっしゃると感心いたしました。

その後、国会議員としても活躍なさっています。

アッシャ夫人

二〇一四年、タンザニアのビラル副大統領がアッシャ夫人同伴で来日され、私は夫人に付いて東京案内をすることになりました。車数台でホテルニューオータニを出発。フランス留学の経験のあるアッシャ夫人は美しいうえに話題も豊富で、車が皇居のお濠端《ほりばた》に差しかかると、こう尋《たず》ねられました。

「この川はどこまで流れているのかしら」

「これは川でなく、外敵を防ぐための濠というものです」

「あら、それなら、うちの国からカバやワニを連れてきて放せばよいのに」

思わず、同乗していた夫人の秘書と三人で「それはよいアイデア！」と大笑い。この思いもよらぬ発言に「さすが〝アフリカ的発想〟」と、私はなんだか楽しくなりました。

最終目的地の浅草雷門《かみなりもん》に到着。「仲見世《なかみせ》での買い物はお詣《まい》りの後に」と、人ごみの中をまっすぐ浅草寺《せんそうじ》まで進むと小雨が降ってきたので、手や口のお清《きよ》めを省略して、お詣りを急ぎました。夫人はお賽銭《さいせん》を入れ、参拝が終わると辺りを見回し、お札《ふだ》売り場に直行。「私の国にもいろいろ魔除《まよ》けのお守りがありますが、こんなにたくさんのお守りの目的は？」と聞かれたので、一つひとつ、「健康」「長寿」「商売繁盛《はんじょう》」などと説明し、「これは学業成就《がくぎょうじょうじゅ》」と言うと、夫人は、「えっ！　日本では勉強も神頼みなのですか？」とたいへん驚かれたので、返事に困りました。「たしかに学業は神頼みではなく、本人が頑張らないと成績はよくならないのに」と、私はちょっと反省してしまいました。

次に浅草寺から五重の塔や雷門方向を眺《なが》めていると、お水舎《みずや》で大勢の人が手や口を清めている姿に夫人が目を留められたので、私は内心「しまった！」と思いました。

「あれは何？」

「お寺詣りをする前に口や手を清める場所ですが、先ほど小雨が降ってきたので省略してしまいました」

「私たちイスラム教もお祈りの前には必ずお清めする決まりがあります」

夫人の言葉に、仕方なく私は遅ればせながらお水舎へ案内しました。ちょうど和服を着た韓国人のお嬢さんたちが集まっており、夫人は喜んで「記念に」と一緒にカメラの前でポーズ。夫人は「外国人が和服を着たいのも無理はない。こんなに（着物は）美しいのだから」と称賛《しょうさん》されていました。その後、商店街で家族へのお土産を整え、大満足でホテルに戻られ、「オールヴォワール」（さようなら）と私を見送ってくださいました。

ローズ・ジェンゴ夫人

ダルエスサラーム大学の卒業生たちは、大学の一室を事務所にして、「国の半分を占《し》める女性の地位と認識の向上を図らないと国の発展は望めない」との思いから、地方の婦人の地位向上のために地道でしっかりしたボランティア活動をされていました。私が隊員時代にお隣に住んでいたジェンゴ先生の奥さま、ローズ夫人も、そのメンバーの一人でした。大学訪問したとき、彼女の部屋に数人の女性が集まっていて、村の女性の生活向上についていて、「都会に出たことのない農村女性に、衛生的な近代的台所やトイレについてどうやって説明するのか」と、熱く議論していました。

昔は地方の家のトイレは屋外で家からかなり離れていて、三方を囲った小さな小屋の中に穴が掘ってあるだけ。大半はトイレなどなく、「サバンナのどこででも用を足《た》す」といった具合でした。たしかに、ケニアでも私が田舎の知人宅に泊めていただいたとき、真っ暗闇《くらやみ》の中、持参した小さな懐中電灯を頼りに、三十メートルくらい離れた場所にあるトイレ（三方囲った中に穴を掘っただけ）まで行くのはすごく大変でした。ちょうど雨季に入ったときだったので、地面がぬかって靴底に土がべたべた張りつき、歩くのも困難でした。また、台所も外で土の上に三石を並べたコンロが主流なので、衛生環境もよいとは言えないものでした。広いこの国で、お金がなければ隣町にさえ行くことができない主婦たち。家事、育児、掃除、洗濯、畑仕事に遠い川までの水汲《く》みと、休む暇《ひま》もなく働く女性たち。彼女たちに「トイレとは何か」「台所とは何か」を教えることさえ困難とのことでした。そこで、「最適な方法は絵を描《か》いて教えることではないか」との結論を出していました。

このように上流の女性が熱心に努力し、教育を施《ほどこ》していることを知り、頭が下がる思いでした。でも、これはもう二十年も前のことで、いまは小学校も義務教育になり、これらの問題もほとんどが解決されているものと思います。こうした女

ジェンゴ夫妻のお宅で

性たちの努力の積み重ねが近代化を担《にな》ってきたのだと実感しています。

レテシア・ニエレレ夫人

若くて美人のレテシアに初めてお会いしたのは、東京の晴海《はるみ》で開催された見本市で、タンザニアの民芸品をたくさん飾ったブースで彼女がそれらを販売していたときのことでした。大きなティンガティンガ絵画を一枚買い、いろいろと話すうちに、彼女はニエレレ大統領の御子息の一人と結婚なさったムワンザ名家出身のお嬢さまだったことがわかりました。

数年後、晴海の見本市に再来日されたとき、夫君と一緒に川越の我が家にお招きし、非常に喜ばれました。それ以来、

川越の我が家を訪れたニエレレ夫妻と。左から著者、母、レテシア、ニエレレJr.、妹の久美子

タンザニアを訪問するたびにお会いするようになったのです。

夫妻はダルエスサラームの中心街に洋服やさまざまな民芸品の販売店を持つ一方で、地方から出てくる女子のための秘書養成科などを備えた職業学校も経営しており、若いのに女性のために立派な仕事をされていることに感心しました。その後、タンザニアを訪問したときにはご自宅のディナーにお招きいただき、男の子の赤ちゃんを抱いてホテルまで迎えに来てくださり、夫君も立派な実業家に成長されていました。

私が隊員時代に夫君の母上（ニエレレ大統領夫人）とよくお会いしていたことをお伝えすると、早速、翌日にはダルエスサラームにいらっしゃるニエレレ大統領夫人のところに連れて行ってくださり、私たちは久しぶりの再会を果たし、昔話に花を咲かせたのです。

レテシアも立派な女性実業家になっていました。美人で笑顔を絶《た》やすことなく、本当に実力があり、魅力的な女性でした。「学生を送迎する車がほしい」との相談を受けたときには、私の友人が日本の中古車を送ってあげたり、日本でタンザニアの展示会を開催するなどして交流は続きました。

その後、レテシアは仕事の都合でアメリカに行ったのですが、一昨年（二〇一七年）、私がタンザニアを訪問中、友人との会話で彼女の訃報《ふほう》を知ったのです。友人から「レテシアの死亡記事が出ていた」とスマホの画面を見せられたときには、驚きました。アメリカから帰国して国会議員として活躍されていたようですが、ずっと健康状態がよくなかったとのこと。本当にすばらしいタンザニア女性を失って残念に思いました。かつて日本やダルエスサラームでお会いしたときのお元気で美しい姿が思い出され、寂しさが込み上げてきました。私はまたいつかお会いできると期待し、楽しみにしておりましたので……。

こうして綴《つづ》っておりますと、次々と大切な友人たちの顔が脳裏《のうり》に浮かんでまいります。タンザニアには、教養があり、実行力もあり、そのうえ優しく、他人のために尽くす女性が多いのには、本当に感心してしまいます。このすばらしい国民性が近代化とともに薄れてしまわないように、祈るばかりです。

◆　◆

思いつくまま、ここまでいろいろ書いてきましたが、私にとって協力隊員として滞在《たいざい》したタンザニアでの二年間は本当に有意義で、私の人生の中でかけがえのない大切な時間となりました。帰国するときには、生徒たちが盛大な送別会をしてくださり、「私の二年間は無駄《むだ》ではなかった」と、感無量になりました。

帰国後も、私の教えたマクラメ編《あ》みのバッグが街じゅうに広まり、「日本の協力隊員・宇野みどりが残した足跡」と現地の新聞に載りました。その記事が私の手元に届いたときにはとてもうれしく、その延長でタンザニアとのご縁《えん》がこうして今日まで続いているのです。

'SAYONARA' SAYS MISS UNO

Students of the Arnautoglu Community Centre gave a traditional Tanzanian farewell to Miss Midori Uno (28), a Japanese domestic

is Bi Maimana Ramadhani, a secretary at the centre. The Mzizima District Community

帰国するときに生徒たちが開催してくれた送別会は現地の新聞でも紹介された（1969年）

あとがきにかえて

タンザニアについて少しでも知ってほしいと書き始めたこの文章ですが、書いているうちにいままで忘れていたことまでが生き生きと蘇《よみがえ》り、楽しかった日々が昨日のことのように脳裏《のうり》を駆け巡り、感無量になりました。これらはすべて蜃気楼《しんきろう》のように消え去った過去なのに、いまも私の心から離れません。

この本を執筆している最中に、時代は平成から令和へと変わりました。ここで、上皇陛下・上皇后陛下との思い出を少し、書かせていただきたいと思います。

◆　◆

私がタンザニアへ初めての協力隊員として派遣されたのは一九六七年。当時の皇太子殿下と美智子妃殿下（現在の上皇陛下・上皇后陛下）は青年海外協力隊に対して、たいへん温かく応援してくださり、隊員の出発と帰国の折には、東宮御所《とうぐうごしょ》にお招きいただき、激励のお言葉を頂戴《ちょうだい》するなど、本当にありがたく感激いたしました。

一九八三年、両殿下（当時）がタンザニアをご訪問される前に、思いがけず「タンザニアについての話を」と東宮御所にお招きいただきました。お部屋では侍従《じじゅう》の同席もなく、両殿下と歓談させていただきました。少女時代に私も参加したガールスカウト・ジャンボリーに、美智子妃殿下も何回かお招きに応《こた》え参加なさっていたとうかがい、驚きました。勧められるままにお菓子をごちそうになり、足取り軽く、うれしさいっぱいで帰路に就《つ》いたのですが、帰宅後、お菓子を美味《おい》しく頂戴した話を友人たちに話しましたら、「よくもまあ、両殿下の前で、お菓子を口にするなんて厚かましい」と呆《あき》れられてしまいました。

タンザニアから帰国後、私は隊員時代の思い出を綴《つづ》った書籍『タンザニアのママたち』やタンザニア民話の語学教育絵本を出版。これらを美智子妃殿下にお贈り申し上げたところ、女官長様から受け取りのお返事まで頂戴し、恐縮するとともに心温まるご配慮に感激したものでした。

一九八五年に青年海外協力隊は発足二十周年を迎え、両殿下のご臨席を賜《たまわ》り、東京のNHKホールで盛大な記念式典が開催されました。私はこのときに、NHK交響楽団をバックに総合司会をする大役を仰《おお》せつかりました。

当日、私はNHKホールの舞台袖で待機していたのですが、両殿下がご登壇なさるとき、美智子妃殿下が後ろを振り向かれ、「みどりさん、しっかりね」とお言葉をかけてくださったのです。私は驚くとともに、うれしさいっぱい、勇気凛々《りんりん》。おかげさまで最後まで無事に司会を遂行することができ、安堵《あんど》いたしました。妃殿下の優《やさ》しいお心遣いはいまも私の脳裏に刻まれております。

二〇一五年十一月十七日、青年海外協力隊は五十周年を迎え、パシフィコ横浜で記念式典が開催されました。この式典には天皇・皇后両陛下（当時）のご臨席を賜り、ＪＩＣＡや青年海外協力隊関係者、元隊員や支援者など約四千五百人が出席。式典後には、帰国隊員全員の中から約二十四人が両陛下にご懇談を賜り、私もその一人に選ばれました。

天皇陛下（当時）は私がタンザニアの帰国隊員だったことや、昔、東宮御所にお招きいただいたときのことなどを覚えていてくださり、美智子皇后さま（当時）とも親しくお話をさせていただけました。協力隊発足五十周年の佳節に、こうした機会を賜りましたことを心よりうれしく、光栄に思いました。上皇后陛下が二〇一四年のお誕生日に際し、タンザニアの国にお触《ふ》れになられた含蓄《がんちく》あるお言葉をここに記させていただきます。

それぞれの国がもつ文化の特徴は、自《おの》ずとその国を旅する者に感じられるものではないでしょうか。これまで訪れた国々で、いずれも心はずむ文化との遭遇《そうぐう》がありましたが、私は特に、ニエレレ大統領時代のタンザニアで、大統領はもとより、ザンジバルやアルーシャで出会った何人かの人から「私たちはまだ貧しいが、国民の間に格差が生じるより、皆して少しずつ豊かになっていきたい」という言葉を聞いた時の、胸が熱くなるような感動を忘れません。少なからぬ数の国民が信念としてもつ思いも、文化の一つの形ではないかと感じます。

『道―天皇陛下御即位三十年記念記録集　平成二十一年～平成三十一年』（宮内庁編、NHK出版）より

上皇后陛下のおっしゃるとおり、タンザニアはスワヒリ語をとおして、すばらしい文化を持つ国だと思います。

昭和、平成そして令和へと時代は移りましたが、協力隊に対する皇室の皆さまの温かいご支援に心から感謝申し上げるとともに、皇室の末永い繁栄《はんえい》をお祈りいたします。

◆　◆

考えてみますと、タンザニア、そしてスワヒリ語は私にとって一生の宝ものとなりました。とにかく半世紀、五十年もの歳月《さいげつ》が流れ、思い出が凝縮《ぎょうしゅく》され、改めて昔のスタート地点に立ち戻った私の心は若返り、いま再び挑戦の息吹《いぶき》で満ちあふれています。

現在の発展したタンザニアと、かつて私が第一歩を印《しる》したころのタンザニアとでは、あらゆる面で雲泥《うんでい》の差があります。どんどん変わりゆくアフリカ大陸。私の信じたとおり、発展の一途を進むタンザニア。百二十六もの部族がスワヒリ語をとおして融合《ゆうごう》し、平和を築いたタンザニア。それでもまだ貧しさも残り、悪に走る人がいないと言えば嘘《うそ》になるとは思いますが、根本は優しく、思いやりがあり、明るい笑顔を忘れず、助け合い精神の強い、すばらしい人々が住むタンザニア。このタンザニアに対する私の熱い思いを少しでも皆さまに汲《く》み取っていただき、皆さまご自身がタンザニアまで足を延《の》ばし、サファリを経験し、人々との交流を楽しんでいただけたなら、こんなうれしいことはなく、私の心は感謝の念でいっぱいになります。また、アフリカ理解のためにと執筆を強くお勧めくださり、出版にご尽力《じんりょく》いただきました第三文明社の大島光明社長をはじめ、お世話になった皆さまに私は心からのお礼と感謝を申し上げます。

最後にタンザニア連合共和国のますますの発展と繁栄、そしてタンザニアの人々の幸を祈りつつ、ペンを擱《お》かせていただきたいと思います。

令和元年　初秋

宇野みどり

【著者プロフィール】

宇野みどり●スワヒリ語通訳（同時通訳、法廷通訳）、翻訳家。1967～69年、青年海外協力隊として、タンザニア連合共和国で洋裁・手芸を教え、ダルエスサラーム大学スワヒリ語外国人コースで学ぶ。帰国後、97年までNHK国際放送「ラジオジャパン」スワヒリ語放送の翻訳とアナウンスに従事。その間、外務省研修所、JICA、旧国立教育会館（虎の門）などでスワヒリ語を教え、青年海外協力隊月刊誌にスワヒリ語講座を連載。創価大学、宮城学院女子大学等でスワヒリ語や東アフリカ事情を教授。現在は大学書林国際語学アカデミーでスワヒリ語を教えるほか、テレビ番組や映画のスワヒリ語翻訳を手がけ、タンザニア大統領閣下、ケニア大統領夫人、ワンガリ・マータイ博士（ノーベル賞受賞者）が来日の際、通訳を務める。著書に『タンザニアのママたち』『タンザニア民話とティンガティンガ』『簡明 スワヒリ語—日本語辞典』『簡明 日本語—スワヒリ語辞典』『はじめはここからスワヒリ語』がある。

ママとミシンとスワヒリ語《ご》
——私《わたし》のタンザニア物語《ものがたり》

2019年11月3日　初版第1刷発行

著　者　宇野《うの》みどり
発行者　大島光明
発行所　株式会社　第三文明社
東京都新宿区新宿 1-23-5　〒160-0022
電話番号　03（5269）7144（営業代表）
03（5269）7145（注文専用）
03（5269）7154（編集代表）
URL　https://www.daisanbunmei.co.jp
振替口座　00150-3-117823
印刷・製本　藤原印刷株式会社

ISBN 978-4-476-03385-4